# 成唯識論

——玄奘菩薩造

正智出版社有限公司恭印
公元二〇二一年小雪

ISBN 978-986-06961-7-2

# 重印之緣起

玄奘大師髫年出家，未及弱冠，因聞寺僧宣演《攝大乘論》，雖屬依文解義之說，然玄奘因此引生往世實證阿賴耶識之智慧，恢復明心之證量；又得深人《大般涅槃經》而恢復眼見佛性之證境；再得《俱舍論》而隨文入觀，回復往世慧解脫功德；此皆未冠之年便已一一現觀，恢復往世無生法忍及實證涅槃之證量。

玄奘大師天縱英資，素秉廣益學人之志，然苦無經論證明其所說，無以廣昭大信，終難實益中國學人，乃西行求取根本大論。後於天竺得此《攝大乘論釋》，又親承戒賢論師宣演根本大論《瑜伽師地論》，自然漸次恢復以往聖位之全部證量，大師因此亦令戒賢論師得以聽聞所未曾聞之論中勝法，戒賢論師因此感歎不已；如是通達所有經論，成爲天竺當時佛法實證者之首領！縱無此《釋》以及戒賢論師解說，以 玄奘大師自有之無師智，但得大論，時久亦自通達無礙。

世親菩薩造《唯識三十頌》，道超群典，光譽諸聖，惟文字簡約，未竟造釋而捨報，時人難解高義。遂有十大論師詮釋此《頌》而得十部《釋》，其中唯獨 護法菩薩專擅光耀，神穎芳馥！當年，護法菩薩離那爛陀寺，偃息菩提樹，以三年之功成就此《釋》，交付玄鑒居士而囑之傳予神穎之士。後，中國玄奘大師遊歷西土，居士意會先聖遺言躬在奘師，遂贈此《釋》。

玄奘大師回國，譯經之餘，本擬具足譯出十大論師之釋論而不自行造論；惟弟子窺基大師不惜退跡明志、堅決建言，大師採之，遂擷十釋要義，楷定十大論師所言正訛，乃成此極照群倫之鉅論！然大師自謙爲譯，後人不察，遂以爲譯作，不知《成唯識論》實爲中國玄奘大師之親身著作。

《成唯識論》中多有玄奘大師之眞見，如釋「所緣緣」之「帶己相心」或「相應所慮、所託」之意旨，涉及親所緣緣、疏所緣緣、所緣眞如……等，此乃破天竺十大論師中之聲聞凡夫論師惡見，而於曲女城一會名震五印之關鍵。又如《成唯識論》中之眾多「有義」，在於舉述十大聖、凡論師之見解，一一加以辯證；唯最末之「有義」方是玄奘之究竟正說；由此亦可明見玄奘大師位居地上之大乘無生法忍證量及簡擇智慧之高深，非獨以傳譯經論爲尚。故知玄奘大師是以聖者之資、謙下爲懷，抉擇十大釋論之說而造此《成唯識論》；於今重梓之際，正應詳明實情，以茲爲記，而止以訛傳訛之說。詳見《成唯識論掌中樞要》卷一、《成唯識論述記》卷一。

今時重印此論，爲因正覺同修會增上班中即將重講，以之作爲教材之用。重印之時重新加以正確的斷句，並以不同字體區分頌文、論文、經文、問句、判教提示，令讀者閱之易於理解論中眞義而免誤會。至於本論中所說的詳細義理，容於增上班中說之，然後以《成唯識論釋》出版之，總共十輯，謹先預告。

# 《成唯識論》

唐 玄奘大師 造

## 《成唯識論》 卷一

〔歸敬如來及願利有情：〕

稽首唯識性，滿分清淨者；我今釋彼說，利樂諸有情。

〔緒說造論之緣由：破外道及佛門凡夫迷謬萬法唯識之正理者。〕

今造此論，爲於二空有迷謬者生正解故，生解爲斷二重障故。由我法執二障俱生，若證二空彼障隨斷，斷障爲得二勝果故。由斷續生煩惱障故，證眞解脫；由斷礙解所知障故，得大菩提。又爲開示謬執我法迷唯識者，令達二空，於唯識理如實知故。

復有迷謬唯識理者：或執外境，如識非無；或執內識，如境非有；或執諸識，用別體同；或執離心，無別心所。爲遮此等種種異執，令於唯識深妙理中得如實解，故作斯論。

「若唯有識，云何世間及諸聖教說有我法？」

頌曰：

**由假說我法，有種種相轉，彼依識所變；**

**此能變唯三，謂異熟思量，及了別境識。**

論曰：世間聖教說有我法，但由假立，非實有性。我謂主宰，法謂軌持，彼二俱有種種相轉。「我」種種相，謂有情命者等，預流一來等；「法」種種相，謂實德業等，蘊處界等；「轉」謂隨緣施設有異。

「如是諸相若由假說，依何得成？」

彼相皆依識所轉變而假施設。識謂了別，此中識言亦攝心所，定相應故。變謂識體轉似二分，相見俱依自證起故，依斯二分施設我法。彼二離此，無所依故。

或復內識轉似外境，我、法分別熏習力故，諸識生時變似我、法。此我、法相雖在內識，而由分別似外境現。諸有情類無始時來，緣此執爲實我實法；如患夢者患夢力故，心似種種外境相現，緣此執爲實有外境。

愚夫所計實我實法都無所有，但隨妄情而施設故，說之爲假。內識所變似我似法，雖有而非實我法性；然似彼現，故說爲假。

外境隨情而施設故，非有如識；內識必依因緣生故，非無如境。由此便遮增減二執。

境依內識而假立故，唯世俗有；識是假境所依事故，亦勝義有。

「云何應知實無外境，唯有內識似外境生？」實我、實法不可得故。

「如何實我不可得耶？」諸所執我略有三種：一者執我體常周遍，量同虛空，隨處造業受苦樂故。二者執我，其體雖常，而量不定，隨身大小有卷舒故。三者執我體常至細，如一極微，潛轉身中作事業故。

初且非理！所以者何？執我常、遍，量同虛空，應不隨身受苦樂等。又常、遍故，應無動轉，如何隨身能造諸業？

又所執我，一切有情為同為異？若言同者，一作業時一切應作，一受果時一切應受，一得解脫時一切應解脫，便成大過。

若言異者，諸有情我更相遍故，體應相雜；又一作業一受果時，與一切我處無別故，應名一切所作所受。若謂作受各有所屬無斯過者，理亦不然；業果及身與諸我合，屬此非彼不應理故；一解脫時，一切應解脫，所修證法，一切我合故。

中亦非理，所以者何？我體常住，不應隨身而有舒卷；既有舒卷如橐籥風，應非常住。又我隨身應可分析，如何可執我體一耶？故彼所言，如童豎戲。

後亦非理，所以者何？我量至小如一極微，如何能令大身遍動？若謂雖小而速巡身，如旋火輪似遍動者，則所執我非一非常，諸有往來非常一故。

又所執我復有三種：一者即蘊，二者離蘊，三者與蘊非即非離。初即蘊我，理且不然；我應如蘊，非常一故；又內諸色定非實我，如外諸色有質礙故。心心所法亦非實我，不恒相續，待衆緣故。餘行餘色，亦非實我，如虛空等，非覺性故。

中離蘊我，理亦不然；應如虛空，無作受故。後俱非我，理亦不然；許依蘊立，非即離蘊，應如瓶等，非實我故。又既不可說有爲無爲，亦應不可說是我非我。故彼所執實我不成。

又諸所執實有我體，爲有思慮？爲無思慮？若有思慮，應是無常，非一切時有思慮故。若無思慮，應如虛空不能作業，亦不受果。故所執我，理俱不成。

又諸所執實有我體，爲有作用？爲無作用？若有作用如手足等，應是無常。若無作用如兔角等，應非實我。故所執我，二俱不成。

又諸所執實有我體，爲是我見所緣境不？「若非我見所緣境者，汝等云何知實有我？」若是我見所緣境者，應有我見非顛倒攝，如實知故。若爾，如何執有我者，所信至教皆毀我見、稱讚無我？言無我見能證涅槃，執著我見沈淪生死？豈有邪見能證涅槃，正見翻令沈淪生死？

又諸我見不緣實我，有所緣故，如緣餘心。我見所緣定非實我，是所緣故，如所餘法。是故我見不緣實我，但緣內識變現諸蘊，隨自妄情種種計度。

然諸我執略有二種：一者俱生，二者分別。俱生我執，無始時來虛妄熏習內因力故，恒與身俱；不待邪教及邪分別，任運而轉，故名俱生。

此復二種：一、常相續，在第七識；緣第八識起自心相，執爲實我。二、有間斷，在第六識；緣識所變五取蘊相，或總或別起自心相，執爲實我。此二我執細故難斷，後修道中數數修習勝生空觀，方能除滅。

分別我執，亦由現在外緣力故，非與身俱；要待邪教及邪分別，然後方起，故名分別，唯在第六意識中有。

此亦二種：一、緣邪教所說蘊相，起自心相、分別計度，執為實我。二、緣邪教所說我相，起自心相、分別計度，執為實我。此二我執粗故易斷，初見道時觀一切法生空眞如，即能除滅。

如是所說一切我執，自心外蘊，或有或無；自心內蘊，一切皆有；是故我執皆緣無常五取蘊相，妄執為我。然諸蘊相從緣生故，是如幻有；妄所執我，橫計度故，決定非有。故契經說：「苾芻當知，世間、沙門、婆羅門等所有我見，一切皆緣五取蘊起。」

「實我若無，云何得有憶識、誦習、恩怨等事？」

所執實我既常無變，後應如前，是事非有；前應如後，是事非無；以後與前，體無別故。若謂我用前後變易，非我體者，理亦不然；用不離體，應常有故；體不離用，應非常故。

然諸有情各有本識，一類相續任持種子，與一切法更互為因，熏習力故得有如是憶識等事。故所設難，於汝有失，非於我宗。

「若無實我，誰能造業、誰受果耶？」所執實我，既無變易猶如虛空，如何可能造業受果？若有變易，應是無常。然諸有情心心所法，「因、緣」力故相續無斷，造業受果於理無違。

「我若實無，誰於生死輪迴諸趣？誰復厭苦，求趣涅槃？」所執實我既無生滅，如何可說生死輪迴？常如虛空，非苦所惱，何爲厭捨求趣涅槃？故彼所言，常爲自害。

然有情類，身心相續、煩惱業力，輪迴諸趣；厭患苦故，求趣涅槃。由此故知定無實我，但有諸識，無始時來前滅後生，因果相續，由妄熏習似我相現，愚者於中妄執爲我。

「如何識外實有諸法不可得耶？」外道餘乘所執外法，理非有故。

外道所執，云何非有？且數論者執：「我是思，受用薩埵、刺闍、答摩所成大等二十三法，然大等法三事合成，是實非假，現量所得。」

彼執非理，所以者何？大等諸法，多事成故，如軍林等，應假非實，如何可說現量得耶？

又大等法若是實有，應如本事非三合成；薩埵等三，即大等故；應如大等，亦三合成。轉變非常，爲例亦爾。

又三本事各多功能，體亦應多，能體一故。三體既遍，一處變時，餘亦應爾，體無別故。

許此三事體相各別，如何和合共成一相？不應合時變爲一相，與未合時體無別故。

若謂三事，體異相同，便違己宗體相是一。體應如相，冥然是一；相應如體，顯然有三；故不應言，三合成一。

又三是別，大等是總；總別一故，應非一三。

此三變時，若不和合成一相者，應如未變，如何現見是一色等？若三和合成一相者，應失本別相，體亦應隨失。

不可說三各有二相：一總、二別。總即別故，總亦應三，如何見一？若謂三體各有三相，和雜難知故見一者；既有三相，寧見為一？復如何知三事有異？若彼一一皆具三相，應一一事能成色等；何所闕少，待三和合？體亦應各三，以體即相故。

又大等法，皆三合成；展轉相望，應無差別；是則因果，唯量諸大、諸根差別，皆不得成。若爾，一根應得一切境；或應一境，一切根所得。世間現見情與非情，淨穢等物、現比量等，皆應無異，便為大失。

故彼所執實法不成，但是妄情計度為有。

勝論所執實等句義，多實有性，現量所得。彼執非理。「所以者何？」諸句義中且常住者，若能生果，應是無常；有作用故，如所生果。若不生果，應非離識實有自性，如兔角等。諸無常者，若有質礙便有方分，應可分析如軍林等，非實有性；若無質礙如心心所，應非離此有實自性。

又彼所執地水火風，應非有礙，實句義攝；身根所觸故，如堅濕煖動。即彼所執堅濕煖等，應非無礙，德句義攝；身根所觸故，如地水火風。地水火三，對青色等，俱眼所見，准此應責。故知無實地水火風與堅濕等各別有性，亦非眼見實地水火。

又彼所執實句義中，有礙常者，皆有礙故如粗地等，應是無常。諸句義中，色根所取無質礙法，應皆有礙；許色根取故，如地水火風。

又彼所執非實德等，應非離識有別自性，非實攝故，如石女兒。非有實等，應非離識有別自性；非有攝故，如空花等。

彼所執有，應離實等無別自性，許非無故，如實德等。若離實等，應非有性；許異實等故，如畢竟無等。如有非無，無別有性，如何實等有別有性？若離有法有別有性，應離無法有別無性；彼既不然，此云何爾？故彼有性，唯妄計度。

又彼所執實德業性，異實德業，理定不然；勿此亦非實德業性，異實等故，如德業等。

又應實等非實等攝，異實等性故，如德業實等。地等諸性，對地等體，更相徵詰，准此應知。

如實性等，無別實等性，實等亦應無別實性等。若離實等，有實等性；應離非實等，有非實等性。彼既不爾，此云何然？故同異性，唯假施設。

又彼所執和合句義，定非實有；非有實等諸法攝故，如畢竟無。彼許實等現量所得，以理推徵尚非實有，況彼自許和合句義，非現量得而可實有？設執和合是現量境，由前理故，亦非實有。

然彼「實」等，非緣離識實有自體，現量所得；許所知故，如龜毛等。又緣「實」智非緣離識，「實」句自體現量智攝；假合生故，如「德」智等。廣說乃至緣「和合」智，非緣離識和合自體，現量智攝；假合生故，如「實」智等。故勝論者「實」等句義，亦是隨情妄所施設。

有執有一大自在天，體實遍常，能生諸法。彼執非理，所以者何？若法能生，必非常故；諸非常者，必不遍故；諸不遍者，非眞實故。體既常遍，具諸功能，應一切處時，頓生一切法。待欲或緣方能生者，違一因論；或欲及緣，亦應頓起，因常有故。

餘執有一「大梵、時、方、本際、自然、虛空、我」等常住實有，具諸功能，生一切法，皆同此破。

有餘偏執《明論》聲常，能爲定量，表詮諸法。有執一切聲皆是常，待緣顯發方有詮表。彼俱非理，所以者何？且《明論》聲，許能詮故，應非常住，如所餘聲。餘聲亦應非常，聲體如瓶衣等，待眾緣故。

有外道執：「地水火風極微實常，能生粗色；所生粗色不越因量，雖是無常，而體實有。」

彼亦非理，所以者何？所執極微，若有方分如蟻行等，體應非實；若無方分如心心所，應不共聚生粗果色；既能生果，如彼所生，如何可說極微常住？又所生果，不越因量；應如極微，不名粗色；則此果色，應非眼等色根所取，便違自執。若謂果色，量德合故，非粗似粗，色根所取。所執果色既同因量，應如極微無粗德合；或應極微亦粗德合，如粗果色，處無別故。

若謂果色遍在自因，因非一故可名粗者，則此果色，體應非一；如所在因，處各別故；既爾，此果還不成粗，由此亦非色根所取。若果多分，合故成粗；多因極微，合應非細，足成根境，何用果爲？既多分成，應非實有，則汝所執前後相違。

又果與因，俱有質礙，應不同處，如二極微。若謂果因體相受入，如沙受水、藥入鎔銅。誰許沙銅體受水藥？或應離變，非一非常。又粗色果，體若是一，得一分時，應得一切；彼此一故，彼應如此。不許、違理，許、便違事；故彼所執，進退不成，但是隨情虛妄計度。

然諸外道品類雖多，所執有法不過四種：

一、執有法與有等性，其體定一，如數論等。彼執非理。所以者何？勿一切法即有性故。皆如有性，體無差別，便違三德我等體異，亦違世間諸法差別。又若色等即色等性，色等應無青黃等異。

二、執有法與有等性，其體定異，如勝論等。彼執非理。所以者何？勿一切法，「非有」性故；如已滅無，體不可得，便違實等自體非無，亦違世間現見有物。又若色等非色等性，應如聲等非眼等境。

三、執有法與有等性，亦一亦異，如無慚等。彼執非理。所以者何？一異同前一異過故；二相相違，體應別故；一異體同，俱不成故。勿一切法皆同一體，或應一異是假非實；而執爲實，理定不成。

四、執有法與有等性，非一非異，如邪命等。彼執非理。所以者何？非一異執，同異一故。非一異言，爲遮爲表？若唯是表，應不雙非；若但是遮，應無所執。

亦遮亦表，應互相違；非表非遮，應成戲論。又非一異，違世共知有「一異物」，亦違自宗色等有法決定實有。是故彼言唯矯避過，諸有智者勿謬許之。

餘乘所執，離識實有色等諸法，如何非有？彼所執色、不相應行及諸無爲，理非有故。

且所執色總有二種：一者有對，極微所成；二者無對，非極微成。

彼有對色定非實有，能成極微，非實有故；謂諸極微若有質礙，應如瓶等是假非實；若無質礙，應如非色，如何可集成瓶衣等？

又諸極微若有方分，必可分析，便非實有；若無方分，則如非色，云何和合、承光發影？日輪纔舉，照柱等時，東西兩邊光影各現；承光發影，處既不同，所執極微定有方分。又若見觸壁等物時，唯得此邊，不得彼分；既和合物即諸極微，故此極微必有方分。

又諸極微，隨所住處，必有上下四方差別，不爾便無共和集義；或相涉入應不成粗，由此極微定有方分。執有對色即諸極微，若無方分，應無障隔；若爾，便非障礙有對。是故汝等所執極微，必有方分；有方分故，便可分析，定非實有。故有對色，實有不成。

「五識豈無所依緣色？」雖非無色，而是識變；謂識生時，內因緣力變似眼等色等相現，即以此相為所依緣。然眼等根非現量得，以能發識，比知是有。此但功能，非外所造。外有對色，理既不成，故應但是內識變現，發眼等識、名眼等根，此爲所依生眼等識。此眼等識外所緣緣，理非有故；決定應許自識所變，爲所緣緣。謂能引生，似自識者，汝執彼是此所緣緣；非但能生，勿因緣等，亦名此識所緣緣故。

「眼等五識了色等時，但緣和合，似彼相故。」非和合相異諸極微有實自體，分析彼時，似彼相識定不生故。彼和合相既非實有，故不可說是五識緣，勿第二月等能生五識故。

「非諸極微共和合位，可與五識各作所緣，此識上無極微相故；非諸極微有和合相，不和合時無此相故。」非和合位與不合時，此諸極微體相有異；故和合位如不合時，色等極微非五識境。

有執「色等一一極微，不和集時非五識境；共和集位，展轉相資有粗相生，爲此識境；彼相實有，爲此所緣。」

彼執不然！共和集位與未集時，體相一故。瓶甌等物，極微等者，緣彼相識，應無別故；共和集位一一極微，各各應捨微圓相故。非粗相識緣細相境，勿餘境識緣餘境故，一識應緣一切境故。

許有極微，尚致此失，況無識外眞實極微！由此定知，自識所變似色等相爲所緣緣；見託彼生，帶彼相故。

然識變時，隨量大小頓現一相，非別變作眾多極微，合成一物。

爲執粗色有實體者，佛說極微令其除析，非謂諸色實有極微。諸瑜伽師以假想慧，於粗色相漸次除析，至不可析假說極微。雖此極微猶有方分，而不可析；若更析之，便似空現，不名爲色，故說極微是色邊際。由此應知，諸有對色皆識變現，非極微成。

餘無對色，是此類故，亦非實有；或無對故，如心心所，定非實色。諸有對色，現有色相，以理推究，離識尚無；況無對色，現無色相，而可說爲眞實色法？

「表無表色，豈非實有？」此非實有。

所以者何？且身表色若是實有，以何爲性？若言是形，便非實有可分析故，長等極微不可得故。若言是動，亦非實有，纔生即滅，無動義故。有爲法滅，不待因故；滅若待因，應非滅故。

若言有色，非顯非形，心所引生，能動手等名身表業，理亦不然；此若是動，義如前破；若是動因，應即風界；風無表示，不應名表。

又觸不應通善惡性，非顯香味，類觸應知；故身表業，定非實有。然心爲因，令識所變手等色相，生滅相續轉趣餘方，似有動作，表示心故，假名身表。

語表亦非實有聲性，一剎那聲無詮表故，多念相續，便非實故；外有對色，前已破故。然因心故，識變似聲；生滅相續，似有表示，假名語表，於理無違。

表既實無，無表寧實？然依思願善惡分限，假立無表，理亦無違。謂此或依發勝身語善惡思種增長位立，或依定中止身語惡現行思立，故是假有。

「世尊經中說有三業，撥身語業，豈不違經？」不撥爲無，但言非色。能動身思，說名身業；能發語思，說名語業。審決二思，意相應故；作動意故，說名意業。

起身語思，有所造作，說名爲業；是審決思所遊履故，通生苦樂異熟果故，亦名爲道。故前七業道，亦思爲自性。

或身語表，由思發故，假說爲業；思所履故，說名業道。由此應知：實無外色，唯有內識，變似色生。

不相應行，亦非實有。「所以者何？」得非得等，非如色心及諸心所體相可得，非異色心及諸心所作用可得；由此故知定非實有，但依色等分位假立。

此定非異色心心所有實體用，如色心等許蘊攝故；或心、心所及色、無爲所不攝故，如畢竟無，定非實有。或餘實法所不攝故，如餘假法，非實有體。

且彼如何知得非得，異色心等有實體用？「契經說故，如說如是補特伽羅成就善惡，聖者成就十無學法。又說異生不成就聖法，諸阿羅漢不成就煩惱。

**成不成言，顯得非得。」**經不說此異色心等有實體用，為證不成。

亦說輪王成就七寶，豈即成就他身非情？若謂於寶有自在力，假說成就，於善惡法何不許然，而執實得？若謂七寶在現在故，可假說成，寧知所成善惡等法，離現在有？離現實法，理非有故，現在必有善種等故。

又「得」於法，有何勝用？若言能起，應起無為；一切非情，應永不起；未得已失，應永不生。若俱生得為因起者，所執二生便為無用。又具善惡無記得者，善惡無記應頓現前；若待餘因，得便無用。

若得於法是不失因，有情由此成就彼故；諸可成法不離有情，若離有情實不可得；故得於法，俱為無用。得實無故，非得亦無。

然依有情可成諸法，分位假立三種成就：一、種子成就，二、自在成就，三、現行成就。翻此假立不成就名，此類雖多，而於三界見所斷種未永害位，假立非得，名異生性；於諸聖法，未成就故。

復如何知，異色心等有實同分？**「契經說故，如契經說：此天同分，此人**

同分。乃至廣說。」此經不說異色心等有實同分，為證不成。

若同智言，因斯起故知實有者，則草木等應有同分。又於同分起同智言，同分復應有別同分。彼既不爾，此云何然？

若謂為因，起同事欲，知實有者，理亦不然；宿習為因，起同事欲，何要別執有實同分？然依有情身心相似分位差別，假立同分。

復如何知，異色心等有實命根？「契經說故，如契經說『壽煖識』三，應知命根，說名為壽。」此經不說異色心等有實壽體，為證不成。

又先已成色不離識，應此離識無別命根。又若命根異識實有，應如受等，非實命根。

「若爾，如何經說三法？」義別說三，如四正斷。「住無心位，壽煖應無。」豈不經說，識不離身？「既爾，如何名無心位？」彼滅轉識，非阿賴耶。有此識因，後當廣說。

此識足為界趣生體，是遍、恒、續，異熟果故，無勞別執有實命根。然依親生此識種子，由業所引功能差別，住時決定、假立命根。

復如何知二無心定、無想異熟，異色心等有實自性？「**若無實性，應不能遮心心所法令不現起。**」若無心位有別實法異色心等，能遮於心名無心定；應無色時有別實法異色心等，能礙於色，名無色定。彼既不爾，此云何然？又遮礙心，何須實法？如堤塘等，假亦能遮。

謂修定時於定加行，厭患粗動心心所故，發勝期願遮心心所，令心心所漸細漸微；微微心時熏異熟識，成極增上厭心等種；由此損伏心等種故，粗動心等暫不現行。依此分位，假立二定。此種善故，定亦名善。

無想定前求無想果，故所熏成種，招彼異熟識，依之粗動想等不行，於此分位假立無想。依異熟立，得異熟名，故此三法亦非實有。

復如何知諸有為相，異色心等有實自性？「契經說故。如契經說：有三有為之有為相，乃至廣說。」此經不說異色心等有實自性，為證不成。非第六聲便表異體，色心之體即色心故。非能相體定異所相，勿堅相等異地等故；若有為相，異所相體；無為相體，應異所相。

又生等相，若體俱有；應一切時，齊興作用。若相違故，用不頓興；體亦相違，如何俱有？又住、異、滅，用不應俱。

**能相所相，體俱本有，用亦應然，無別性故。若謂彼用更待因緣，所待因緣應非本有；又執生等，便為無用。『所相恒有，而生等合』，應無為法亦有生等；彼此異因，不可**得故。

又去來世，非現非常；應似空花，非實有性。生名為有，寧在未來？滅名爲無，應非現在；滅若非無，生應非有。又滅違住，寧執同時？住不違生，何容異世？故彼所執，進退非理。

然有爲法因緣力故，本無今有，暫有還無；表異無爲，假立四相：本無今有，有位名生；生位暫停，即說爲住；住別前後，復立異名；暫有還無，無時名滅。前三有故，同在現在；後一是無，故在過去。

「**如何無法，與有爲相？**」表此後無，爲相何失？

生表有法先非有，滅表有法後是無，異表此法非凝然，住表此法暫有用。故此四相於有爲法，雖俱名表，而表有異；此依剎那，假立四相。一期分位亦得假立：初有名生，後無名滅；生已相似相續名住，即此相續轉變名異，是故四相皆是假立。

復如何知異色心等，有實詮表名句文身？「**契經說故。如契經說：佛得希有名句文身。**」此經不說異色心等有實名等，爲證不成。

若名句文異聲實有，應如色等非實能詮。謂聲能生名句文者，此聲必有音韻屈曲，此足能詮，何用名等？

若謂聲上音韻屈曲即名句文，異聲實有；所見色上形量屈曲，應異色處別有實體。

若謂聲上音韻屈曲，如絃管聲非能詮者；此應如彼聲，不別生名等；又誰說彼，定不能詮？

「**聲若能詮，風鈴聲等應有詮用。**」此應如彼，不別生實名句文身；若唯語聲能生名等，如何不許唯語能詮？

「**何理定知能詮即語？**」寧知異語別有能詮？

語不異能詮，人天共了；執能詮異語，天愛非餘。然依語聲分位差別，而假建立名句文身；名詮自性，句詮差別；文即是字，爲二所依。

此三離聲，雖無別體，而假實異，亦不即聲。由此法詞二無礙解，境有差別。聲與名等，蘊處界攝，亦各有異。

且依此土，說名句文依聲假立，非謂一切。諸餘佛土，亦依光明妙香味等假立三故。

有執隨眠異心心所，是不相應，行蘊所攝。彼亦非理，名貪等故，如現貪等，非不相應。執別有餘不相應行，准前理趣，皆應遮止。

諸無爲法，離色心等決定實有，理不可得。且定有法，略有三種：一、現所知法，如色心等。二、現受用法，如瓶衣等。如是二法，世共知有，不待因成。三、有作用法，如眼耳等；由彼彼用，證知是有。

無爲非世共知定有，又無作用如眼耳等；設許有用，應是無常，故不可執無爲定有。**然諸無爲，所知性故；或色心等所顯性故，如色心等，不應執爲離色心等實無爲性。**

又虛空等，爲一爲多？若體是一，遍一切處；虛空容受色等法故，隨能合法，體應成多。一所合處，餘不合故；不爾，諸法應互相遍。

若謂虛空不與法合，應非容受，如餘無爲。又色等中，有虛空不？有應相雜，無應不遍。一部一品結法斷時，應得餘部餘品擇滅；一法緣闕得不生時，應於一切得非擇滅；執彼體一，理應爾故。

若體是多，便有品類，應如色等非實無爲，虛空又應非遍容受。餘部所執離心心所實有無爲，准前應破。

又諸無爲，許無因果故，應如兔角，非異心等有。然契經說，有虛空等諸無爲法，略有二種：一、依識變，假施設有。謂曾聞說虛空等名，隨分別有虛空等相；數習力故，心等生時，似虛空等無爲相現。此所現相，前後相似無有變易，假說爲常。二、依法性，假施設有。謂空無我所顯眞如，有無俱非，心言路絕，與一切法非一異等；是法眞理，故名法性。

離諸障礙，故名虛空。由簡擇力，滅諸雜染，究竟證會故名擇滅。不由擇力，本性清淨，或緣闕所顯，故名非擇滅。苦樂受滅，故名不動。想受不行，名想受滅。此五皆依眞如假立，眞如亦是假施設名；遮撥爲無，故說爲有；遮執爲有，故說爲空；勿謂虛幻，故說爲實；理非妄倒，故名眞如。不同餘宗離色心等，有實常法名曰眞如，故諸無爲非定實有。

外道、餘乘所執諸法，異心心所，非實有性；是所取故，如心心所。能取彼覺，亦不緣彼，是能取故，如緣此覺。

諸心心所，依他起故，亦如幻事，非眞實有。爲遣妄執心心所外實有境故，說唯有識；若執唯識眞實有者，如執外境亦是法執。

然諸法執略有二種：一者俱生，二者分別。

俱生法執無始時來，虛妄熏習內因力故，恒與身俱，不待邪教及邪分別，任運而轉，故名俱生。此復二種：一、常相續，在第七識；緣第八識起自心相，執爲實法。二、有間斷，在第六識；緣識所變蘊處界相，或總或別，起自心相執爲實法。

此二法執，細故難斷，後十地中數數修習勝法空觀，方能除滅。

分別法執，亦由現在外緣力故，非與身俱；要待邪教及邪分別，然後方起，故名分別，唯在第六意識中有。

此亦二種：一、緣邪教所說蘊處界相，起自心相，分別計度執爲實法。二、緣邪教所說自性等相，起自心相，分別計度執爲實法。

此二法執，粗故易斷，入初地時，觀一切法法空眞如，即能除滅。

如是所說一切法執，自心外法或有或無，自心內法一切皆有；是故法執皆緣自心所現似法，執爲實有。然似法相，從緣生故，是如幻有；所執實法，妄計度故，決定非有。故世尊說：「**慈氏當知，諸識所緣，唯識所現；依他起性，如幻事等。**」

如是外道、餘乘所執，離識我法、皆非實有；故心心所，決定不用外色等法爲所緣緣，緣用必依實有體故。現在彼聚心心所法，非此聚識親所緣緣；如非所緣，他聚攝故。同聚心所，亦非親所緣，自體異故，如餘非所取。由此應知：實無外境，唯有內識似外境生。是故契經伽他中說：「**如愚所分別，外境實皆無；習氣擾濁心，故似彼而轉。**」

有作是難：「**若無離識實我法者，假亦應無；謂假必依眞事似事共法而立，**

如有眞火，有似火人，有猛赤法，乃可假說此人爲火。假說牛等應知亦然，我法若無，依何假說？無假說故，似亦不成，如何說心似外境轉？」

彼難非理。離識我法，前已破故；依類依實假說火等，俱不成故。依類假說，理且不成；猛赤等德，非類有故。若無共德而假說彼，應亦於水等，假說火等名。

若謂猛等雖非類德，而不相離，故可假說。此亦不然！人類猛等，現見亦有互相離故；類既無德，又互相離，然有於人假說火等，故知假說不依類成。

依實假說，理亦不成，猛赤等德，非共有故。謂猛赤等，在火在人，其體各別，所依異故。「無」共假說，「有」過同前。

若謂人、火，德相似故可假說者，理亦不然；說火在人，非在德故；由此假說，不依實成。

又假必依眞事立者，亦不應理；眞謂自相，假智及詮俱非境故。謂假智詮，不得自相，唯於諸法共相而轉，亦非離此有別方便施設自相爲假所依。然假智詮，必依聲起；聲不及處，此便不轉；能詮所詮，俱非自相；故知假說，不依眞事，由此但依似事而轉。

似謂增益，非實有相；聲依增益，似相而轉，故不可說假必依眞，是故彼難不應正理。然依識變，對遣妄執眞實我法，說假、似言；由此契經伽他中說：

**爲對遣愚夫，所執實我法，故於識所變，假說我法名。**

識所變相雖無量種，而能變識，類別唯三：一謂異熟，即第八識，多異熟性故。二謂思量，即第七識，恒、審、思量故。三謂了境，即前六識，了境相粗故；「及」言，顯六合爲一種。

此三皆名能變識者，能變有二種：一、因能變，謂第八識中等流、異熟二因習氣。等流習氣，由七識中善惡無記，熏令生長；異熟習氣，由六識中有漏善惡，熏令生長。二、果能變，謂前二種習氣力故，有八識生，現種種相。

等流習氣爲因緣故，八識體相差別而生，名等流果，果似因故。異熟習氣爲增上緣，感第八識酬引業力，恒相續故，立異熟名。感前六識酬滿業者，從異熟起，名異熟生；不名異熟，有間斷故。即前異熟及異熟生，名異熟果，果異因故。此中且說我愛執藏、持雜染種、能變果識，名爲異熟，非謂一切。

〔第一能變識之法相：〕

「雖已略說能變三名，而未廣辨能變三相。且初能變，其相云何？」

頌曰：

初阿賴耶識，異熟一切種；不可知執受，處了、常與觸、

作意受想思，相應唯捨受。

是無覆無記，觸等亦如是，恒轉如暴流，阿羅漢位捨。

論曰：初能變識，大小乘教名阿賴耶，此識具有能藏、所藏、執藏義故。謂與雜染互爲緣故，有情執爲自內我故；此即顯示初能變識所有自相，攝持因

**果爲自相故。此識自相分位雖多，藏識過重，是故偏說。**

此是能引諸界趣生善不善業異熟果故，說名異熟；離此，命根、眾同分等，恒時相續、勝異熟果不可得故，此即顯示初能變識所有果相。此識果相，雖多位多種，異熟寬、不共，故偏說之。

此能執持諸法種子，令不失故，名一切種；離此餘法，能遍執持諸法種子不可得故，此即顯示初能變識所有因相。此識因相，雖有多種，持種不共，是故偏說。初能變識體相雖多，略說唯有如是三相。

一切種相，應更分別。此中何法名爲種子？謂本識中，親生自果功能差別。此與本識及所生果不一不異，體用因果，理應爾故。雖非一異，而是實有；假法如無，非因緣故。

「**此與諸法既非一異，應如瓶等是假非實。**」若爾，眞如應是假有，許、則便無眞勝義諦。然諸種子唯依世俗說爲實有，不同眞如。種子雖依第八識體，而是此識相分非餘，見分恒取此爲境故。

諸有漏種與異熟識，體無別故，無記性攝；因果俱有善等性故，亦名善等。諸無漏種，非異熟識性所攝故，因果俱是善性攝故，唯名爲善。

「若爾，何故〈決擇分〉說二十二根，一切皆有異熟種子、皆異熟生？」雖名異熟，而非無記；依異熟故，名異熟種，異性相依，如眼等識；或無漏種由熏習力，轉變成熟，立異熟名，非無記性所攝異熟。

此中有義：一切種子皆本性有，不從熏生；由熏習力，但可增長。如契經說：「一切有情無始時來有種種界，如惡叉聚，法爾而有。」界即種子差別名故。又契經說：「無始時來界，一切法等依。」界是因義。

《瑜伽》亦說：「諸種子體，無始時來性雖本有，而由染淨新所熏發。諸有情類無始時來，若般涅槃法者，一切種子皆悉具足；不般涅槃法者，便闕三種菩提種子。」如是等文，誠證非一。

又諸有情既說本有五種性別，故應定有法爾種子，不由熏生。又《瑜伽》說：「地獄成就三無漏根，是種非現。」又從無始展轉傳來，法爾所得本性住姓。由此等證，無漏種子法爾本有，不從熏生。有漏亦應法爾有種，由熏增長，不別熏生。如是建立因果不亂。

有義：種子皆熏故生，所熏能熏，俱無始有；故諸種子，無始成就。種子既是習氣異名，習氣必由熏習而有；如麻香氣，花熏故生。如契經說：「諸有情心染淨諸法所熏習故，無量種子之所積集。」論說內種定有熏習，外種熏習或有或無。

又名言等三種熏習，總攝一切有漏法種。彼三既由熏習而有，故有漏種必藉熏生。無漏種生，亦由熏習；說聞熏習，聞淨法界等流正法而熏起故，是出世心種子性故。

有情本來種姓差別，不由無漏種子有無，但依有障無障建立。如《瑜伽》說：「於眞如境，若有畢竟二障種者，立爲不般涅槃種姓[1]。若有畢竟所知障種非煩惱者，一分立爲聲聞種姓，一分立爲獨覺種姓；若無畢竟二障種者，即立彼爲如來種姓。」故知本來種姓差別，依障建立，非無漏種。所說成就無漏種

[1] 《瑜伽師地論》卷五十二：「建立為不般涅槃法種性補特伽羅。」

言，依當可生，非已有體。

有義：種子各有二類，一者本有，謂無始來異熟識中，法爾而有生蘊處界功能差別。世尊依此說諸有情，無始時來有種種界，如惡叉聚法爾而有。餘所引證，廣說如初。此即名為本性住種。

二者始起，謂無始來數數現行、熏習而有。世尊依此說有情心，染淨諸法所熏習故，無量種子之所積集。諸論亦說染淨種子，由染淨法熏習故生，此即名為習所成種。

若唯本有，轉識不應與阿賴耶為因緣性。如契經說：「諸法於識藏，識於法亦爾；更互為果性，亦常為因性。」此頌意言：阿賴耶識與諸轉識，於一切時展轉相生、互為因果。

《攝大乘》說：「阿賴耶識與雜染法互為因緣，如炷與焰，展轉生燒；又如束蘆，互相依住。」唯依此二，建立因緣，所餘因緣不可得故。

若諸種子不由熏生，如何轉識與阿賴耶有因緣義？非熏令長可名因緣，勿善惡業與異熟果爲因緣故。

又諸聖教說有種子由熏習生，皆違彼義；故唯本有，理教相違。

若唯始起，有爲無漏，無因緣故應不得生。有漏不應爲無漏種，勿無漏種生有漏故。許、應諸佛有漏復生，善等應爲不善等種。

分別論者雖作是說：「**心性本淨，客塵煩惱所染污故，名爲雜染；離煩惱時，轉成無漏，故無漏法非無因生。**」

而心性言，彼說何義？若說空理，空非心因，常法定非諸法種子，以體前後無轉變故。若即說心，應同數論，相雖轉變，而體常一。惡無記心，又應是善；許、則應與信等相應，不許、便應非善心體；尙不名善，況是無漏？有漏善心，既稱雜染，如惡心等性非無漏，故不應與無漏爲因，勿善惡等互爲因故。

若有漏心，性是無漏；應無漏心，性是有漏；差別因緣，不可得故。又異生心若是無漏，則異生位無漏現行，應名聖者。若異生心性雖無漏，而相有染不名無漏，無斯過者，則心種子亦非無漏，何故汝論說有異生，唯得成就無漏種子？種子、現行，性相同故。

然契經說心性淨者，說心空理所顯眞如，眞如是心眞實性故。或說心體非煩惱故，名性本淨，非有漏心性是無漏故名本淨。

由此應信：有諸有情無始時來有無漏種，不由熏習，法爾成就；後勝進位，熏令增長，無漏法起以此爲因；無漏起時，復熏成種。有漏法種，類此應知。

諸聖教中，雖說內種定有熏習，而不定說一切種子皆熏故生，寧全撥無本有種子？然本有種亦由熏習，令其增盛方能得果，故說內種定有熏習。其聞熏習，非唯有漏；聞正法時，亦熏本有無漏種子令漸增盛，展轉乃至生出世心，故亦說此名聞熏習。

聞熏習中有漏性者，是修所斷，感勝異熟，爲出世法勝增上緣。無漏性者，非所斷攝，與出世法正爲因緣。此正因緣微隱難了，有寄粗顯勝增上緣，方便說爲出世心種。

依障建立種姓別者，意顯無漏種子有無。謂若全無無漏種者，彼二障種永不可害，即立彼爲非涅槃法。若唯有二乘無漏種者，彼所知障種永不可害，一分立爲聲聞種姓，一分立爲獨覺種姓。若亦有佛無漏種者，彼二障種俱可永害，即立彼爲如來種姓。故由無漏種子有無，障有可斷、不可斷義。

然無漏種微隱難知，故約彼障，顯性差別；不爾，彼障有何別因，而有可害、不可害者？若謂法爾有此障別，無漏法種寧不許然？若本全無無漏法種，則諸聖道，永不得生；誰當能害二障種子，而說依障立種姓別？既彼聖道必無生義，說當可生，亦定非理。然諸聖教，處處說有本有種子，皆違彼義；故唯始起，理教相違。由此應知諸法種子，各有本有始起二類。

然種子義，略有六種：一、剎那滅：謂體纔生，無間必滅；有勝功力，方成種子。此遮常法，常無轉變，不可說有能生用故。

二、果俱有：謂與所生現行果法，俱現和合，方成種子。此遮前後及定相離，現、種異類，互不相違，一身俱時有能生用；非如種子自類相生，前後相違，必不俱有。雖因與果有俱不俱，而現在時可有因用，未生、已滅，無自體故。依生現果，立種子名；不依引生自類名種，故但應說與果俱有。

三、恒隨轉：謂要長時一類相續，至究竟位方成種子。此遮轉識轉易間斷，與種子法不相應故。此顯種子，自類相生。

四、性決定：謂隨因力生善惡等，功能決定方成種子。此遮餘部「執異性因、生異性果、有因緣義。」

五、待眾緣：謂此要待自眾緣合，功能殊勝方成種子。此遮外道執自然因，不待眾緣，恒頓生果。或遮餘部緣恒非無，顯所待緣，非恒有性；故種於果，非恒頓生。

六、引自果：謂於別別色心等果，各各引生，方成種子。此遮外道執唯一因生一切果，或遮餘部執色心等互爲因緣。唯本識中功能差別具斯六義，成種非餘。

外穀麥等，識所變故，假立種名，非實種子。此種勢力，生近正果，名曰生因；引遠殘果，令不頓絕，即名引因。內種必由熏習生長，親能生果，是因緣性。外種熏習或有或無，爲增上緣，辦所生果；必以內種爲彼因緣，是共相種所生果故。

依何等義，立熏習名？所熏能熏各具四義，令種生長，故名熏習。

何等名爲所熏四義？

一、堅住性：若法始終一類相續，能持習氣，乃是所熏。此遮轉識及聲風等，性不堅住，故非所熏。

二、無記性：若法平等，無所違逆，能容習氣，乃是所熏。此遮善染勢力強盛，無所容納，故非所熏。由此如來第八淨識，唯帶舊種，非新受熏。

三、可熏性：若法自在，性非堅密，能受習氣，乃是所熏。此遮心所及無爲法，依他堅密，故非所熏。

四、與能熏共和合性：若與能熏同時同處、不即不離，乃是所熏。此遮他身、刹那、前後無和合義，故非所熏。唯異熟識具此四義，可是所熏，非心所等。

何等名爲能熏四義？

一、有生滅：若法非常，能有作用，生長習氣，乃是能熏。此遮無爲前後不變，無生長用，故非能熏。

二、有勝用：若有生滅，勢力、增盛，能引習氣，乃是能熏。此遮異熟心心所等，勢力羸劣，故非能熏。

三、有增減：若有勝用可增可減，攝植習氣，乃是能熏。此遮佛果，圓滿善法無增無減，故非能熏。彼若能熏，便非圓滿；前後佛果，應有勝劣。

四、與所熏和合而轉：若與所熏同時同處、不即不離，乃是能熏。此遮他身、刹那前後無和合義，故非能熏。唯七轉識及彼心所，有勝勢用而增減者，具此四義，可是能熏。

如是能熏與所熏識，俱生俱滅，熏習義成；令所熏中種子生長，如熏苣勝，故名熏習。

能熏識等從種生時，即能爲因，復熏成種；三法展轉，因果同時。如炷生焰，焰生焦炷；亦如蘆束，更互相依；因果俱時，理不傾動。

能熏生種，種起現行，如俱有因，得士用果。種子前後自類相生，如同類因，引等流果。此二於果是因緣性，除此餘法，皆非因緣。設名因緣，應知假說。是謂略說一切種相。

此識行相、所緣云何？謂「不可知執受、處、了」。了謂了別，即是行相，識以了別爲行相故。處謂處所，即器世間，是諸有情所依處故。執受有二，謂諸種子及有根身；諸種子者，謂諸相、名、分別習氣；有根身者，謂諸色根及根依處。此二皆是識所執受，攝爲自體，同安危故。執受及處，俱是所緣，阿賴耶識因緣力故，自體生時，內變爲種及有根身，外變爲器；即以所變爲自所緣，行相仗之而得起故。

此中了者，謂異熟識於自所緣有了別用；此了別用，見分所攝。然有漏識自體生時，皆似所緣能緣相現，彼相應法，應知亦爾。似所緣相，說名相分；似能緣相，說名見分。

若心心所無所緣相，應不能緣自所緣境，或應一一能緣一切；自境如餘，餘如自故。若心心所無能緣相，應不能緣，如虛空等；或虛空等，亦是能緣。故心心所必有二相。如契經說：

一切唯有覺，所覺義皆無；能覺所覺分，各自然而轉。

執有離識所緣境者，彼說外境是所緣，相分名行相；見分名事，是心心所自體相故。心與心所同所依緣，行相相似；事雖數等，而相各異；識受想等，相各別故。

達無離識所緣境者，則說相分是所緣，見分名行相；相見所依自體名事，即自證分。此若無者，應不自憶心心所法；如不曾更境，必不能憶故。心與心所同所依根，所緣相似，行相各別；了別領納等，作用各異故；事雖數等，而相各異，識受等體有差別故。

然心心所一一生時，以理推徵，各有三分；所量、能量、量果別故，相見必有所依體故。如《集量論》伽他中說：

**似境相所量，能取相自證，即能量及果，此三體無別。**

又心心所若細分別，應有四分：三分如前，復有第四證自證分。此若無者，誰證第三？心分既同，應皆證故。又自證分應無有果，諸能量者必有果故。不應見分是第三果，見分或時非量攝故；由此見分不證第三，證自體者，必現量故。

此四分中，前二是外，後二是內；初唯所緣，後三通二。謂第二分但緣第一，或量非量，或現或比；第三能緣第二第四。證自證分唯緣第三，非第二者，以無用故；第三第四，皆現量攝。故心心所，四分合成，具所能緣，無無窮過；非即非離，唯識理成。是故契經伽他中說：

**眾生心二性，內外一切分；所取能取纏，見種種差別。**

此頌意說：眾生心性，二分合成；若內若外，皆有所取能取纏縛，見有種種或量、非量或現或比多分差別。此中見者，是見分故。

如是四分，或攝爲三，第四攝入自證分故。或攝爲二，後三俱是能緣性故，皆見分攝。此言見者，是能緣義。或攝爲一，體無別故，如《入楞伽》伽他中說：

由自心執著，心似外境轉；彼所見非有，是故說唯心。

如是處處說唯一心，此一心言，亦攝心所。故識行相即是了別，了別即是識之見分。

所言處者，謂異熟識由共相種成熟力故，變似色等器世間相，即外大種及所造色。雖諸有情所變各別，而相相似，處所無異；如衆燈明，各遍似一。

誰異熟識變爲此相？有義：一切。所以者何？如契經說「一切有情業增上力共所起」故。

有義：若爾，諸佛菩薩應實變爲此雜穢土；諸異生等，應實變爲他方、此界諸淨妙土。又諸聖者厭離有色，生無色界，必不下生，變爲此土復何所用？

是故現居及當生者，彼異熟識變爲此界；經依少分說一切言，諸業同者皆共變故。

有義：若爾，器將壞時，既無現居及當生者，誰異熟識變爲此界？又諸異生厭離有色，生無色界，現無色身，預變爲土，此復何用？設有色身，與異地器粗細懸隔，不相依持，此變爲彼，亦何所益？然所變土，本爲色身依持受用，故若於身可有持用，便變爲彼。由是設生他方自地，彼識亦得變爲此土；故器世界將壞、初成，雖無有情，而亦現有。此說一切共受用者，若別受用，准此應知；鬼人天等，所見異故。

諸種子者，謂異熟識所持一切有漏法種，此識性攝，故是所緣。無漏法種，雖依附此識，而非此性攝，故非所緣。雖非所緣，而不相離；如眞如性，不違唯識。

有根身者，謂異熟識不共相種，成熟力故變似色根及根依處，即內大種及所造色。有共相種成熟力故，於他身處亦變似彼，不爾應無受用他義。

此中，有義：亦變似根，《辯中邊》說，似自他身五根現故。有義：唯能變似依處，他根於己，非所用故；似自他身五根現者，說自他識各自變義；故生他地、或般涅槃，彼餘尸骸猶見相續。

前來且說業力所變外器、內身、界地差別，若定等力所變器身，界地自他則不決定；所變身器，多恒相續；變聲光等，多分暫時，隨現緣力擊發起故。略說此識所變境者，謂有漏種、十有色處，及墮法處所現實色。

「何故此識，不能變似心心所等為所緣耶？」有漏識變略有二種：一、隨因緣勢力故變，二、隨分別勢力故變。初必有用，後但為境。異熟識變但隨因緣，所變色等必有實用。若變心等，便無實用；相分心等，不能緣故；須彼實用，別從此生。變無為等，亦無實用，故異熟識不緣心等。

至無漏位，勝慧相應；雖無分別，而澄淨故，設無實用，亦現彼影；不爾，諸佛應非遍智。故有漏位此異熟識，但緣器身及有漏種；在欲色界具三所緣，無色界中緣有漏種，厭離色故無業果色，有定果色，於理無違；彼識亦緣，此色爲境。

不可知者，謂此行相極微細故，難可了知；或此所緣內執受境亦微細故，外器世間量難測故，名不可知。

「云何是識取所緣境，行相難知？」如滅定中不離身識，應信爲有；然，必應許滅定有識，有情攝故，如有心時。無想等位，當知亦爾。

「此識與幾心所相應？」常與觸作意受想思相應。阿賴耶識無始時來乃至未轉，於一切位，恒與此五心所相應，以是遍行心所攝故。

觸謂三和，分別變異，令心心所觸境爲性；受想思等，所依爲業。謂根境識更相隨順，故名三和；觸依彼生，令彼和合，故說爲彼。三和合位，皆有順生心所功能，說名變異；觸似彼起，故名分別。根變異力，引觸起時，勝彼識境，故《集論》等但說：分別，根之變異。和合一切心及心所，令同觸境，是觸自性。

既似順起心所功能，故以受等所依爲業。《起盡經》說：受想行蘊，一切皆以觸爲緣故。由斯故說：識觸受等，因二三四和合而生。《瑜伽》但說「與受想思爲所依」者，思於行蘊爲主勝故，舉此攝餘。《集論》等說「爲受依」者，以觸生受，近而勝故。謂觸所取可意等相，與受所取順益等相，極相鄰近，引發勝故。

然觸自性，是實非假；六六法中，心所性故；是食攝故，能爲緣故，如受等性，非即三和。

作意謂能警心爲性，於所緣境引心爲業。謂此警覺應起心種，引令趣境，故名作意。雖此亦能引起心所，心是主故，但說引心。有說：令心迴趣異境，或於一境持心令住，故名作意。彼俱非理，應非遍行，不異定故。

受謂領納順、違、俱非境相爲性，起愛爲業；能起合、離、非二欲故。有作是說：「受有二種：一、境界受，謂領所緣。二、自性受，謂領俱觸。唯自性受，是受自相，以境界受共餘相故。」彼說非理，受定不緣俱生觸故，若似觸生名領觸者，似因之果應皆受性。又既受因，應名因受，何名自性？若謂如王食諸國邑，受能領觸所生受體，名自性受；理亦不然，違自所執，不自證故。若不捨自性，名自性受；應一切法，皆是受自性；故彼所說，但誘嬰兒。

然境界受，非共餘相，領順等相定屬己者，名境界受，不共餘故。

想謂於境取像爲性，施設種種名言爲業。謂要安立境分齊相，方能隨起種種名言。

思謂令心造作爲性，於善品等役心爲業；謂能取境正因等相，驅役自心令造善等。

此五既是遍行所攝，故與藏識決定相應。其遍行相，後當廣釋。此觸等五與異熟識，行相雖異，而時依同，所緣事等，故名相應。

此識行相極不明了，不能分別違順境相，微細一類相續而轉，是故唯與捨受相應。又此相應受，唯是異熟；隨先引業轉，不待現緣；任善惡業勢力轉故，唯是捨受。苦樂二受是異熟生，非眞異熟，待現緣故，非此相應。又由此識，常無轉變，有情恒執爲自內我；若與苦樂二受相應，便有轉變，寧執爲我？故此但與捨受相應。

「若爾，如何此識亦是惡業異熟？」既許善業能招捨受，此亦應然，捨受不違苦樂品故；如無記法，善惡俱招。

「如何此識非別境等心所相應？」互相違故。謂欲希望所樂事轉，此識任運，無所希望。勝解印持決定事轉，此識瞢昧，無所印持。念唯明記曾習事轉，此識昧劣，不能明記。定能令心專注一境，此識任運，剎那別緣。慧唯簡擇德等事轉，此識微昧，不能簡擇。故此不與別境相應。

此識唯是異熟性故，善染污等亦不相應；惡作等四無記性者，有間斷故，定非異熟。

「法有四種，謂善、不善、有覆無記、無覆無記，阿賴耶識何法攝耶？」此識唯是無覆無記，異熟性故。異熟若是善染污者，流轉還滅應不得成。又此識是善染依故，若善染者，互相違故，應不與二俱作所依。又此識是所熏性故，若善染者，如極香臭，應不受熏；無熏習故，染淨因果俱不成立，故此唯是無覆無記。

覆謂染法，障聖道故；又能蔽心，令不淨故；此識非染，故名無覆。記謂善惡，有愛非愛果，及殊勝自體可記別故；此非善惡，故名無記。

「觸等亦如是」者，謂如阿賴耶識，唯是無覆無記性攝；觸作意受想思亦爾，諸相應法，必同性故。

又觸等五如阿賴耶，亦是異熟，所緣行相俱不可知，緣三種境，五法相應，無覆無記，故說「觸等亦如是」言。

有義：觸等如阿賴耶，亦是異熟及一切種，廣說乃至無覆無記。「亦如是」言，無簡別故。彼說非理，所以者何？觸等依識，不自在故；如貪信等不能受熏，如何同識，能持種子？

又若觸等亦能受熏，應一有情有六種體。若爾果起，從何種生？理不應言從六種起，未見多種生一芽故。若說果生唯從一種，則餘五種便為無用。亦不可說次第生果，熏習同時，勢力等故。又不可說六果頓生，勿一有情一刹那頃，六眼識等俱時生故。

「誰言觸等，亦能受熏持諸種子？」不爾，如何觸等如識，名一切種？

「謂觸等五，有似種相，名一切種；觸等與識，所緣等故；無色觸等，有所緣故；親所緣緣，定應有故。此似種相，不爲因緣生現識等；如觸等上似眼根等，非識所依。亦如似火，無能燒用。」彼救非理！觸等所緣似種等相，後執受處，方應與識而相例故。由此前說「一切種」言，定目受熏能持種義；不爾，本頌有重言失。

又彼所說「亦如是」言，無簡別故，咸相例者定不成證。勿觸等五亦能了別，觸等亦與觸等相應。由此故知，「亦如是」者，隨所應說，非謂一切。

「阿賴耶識，爲斷爲常？」非斷非常，以恒轉故。恒謂此識無始時來，一類相續常無間斷，是界趣生施設本故，性堅持種令不失故。轉謂此識無始時來，念念生滅前後變異，因滅果生非常一故，可爲轉識熏成種故。恒言遮斷，轉表非常；猶如瀑流，因果法爾。

如瀑流水，非斷非常，相續長時有所漂溺；此識亦爾，從無始來生滅相續，非常非斷，漂溺有情，令不出離。又如瀑流，雖風等擊，起諸波浪，而流不斷；此識亦爾，雖遇眾緣，起眼識等，而恒相續。又如瀑流漂水上下，魚草等物隨流不捨；此識亦爾，與內習氣、外觸等法，恒相續轉。

如是法喻，意顯此識，無始因果非斷常義。謂此識性，無始時來剎那剎那、果生因滅；果生故非斷，因滅故非常。非斷非常是緣起理，故說此識恒轉如流。

「過去未來既非實有，非常可爾，非斷如何？斷豈得成緣起正理？」過去未來若是實有，可許非斷，如何非常？常亦不成緣起正理。

「豈斥他過，己義便成？」若不摧邪，難以顯正。前因滅位，後果即生；如秤兩頭，低昂時等；如是因果相續如流，何假去來方成非斷？

「因現有位，後果未生，因是誰因？果現有時，前因已滅，果是誰果？既無因果，誰離斷常？」若有因時已有後果，果既本有，何待前因？因義既無，果義寧有？無因無果，豈離斷常？因果義成，依法作用；故所詰難，非預我宗。

體既本有，用亦應然，所待因緣亦本有故；由斯汝義因果定無，應信大乘緣起正理。謂此正理深妙離言，因果等言皆假施設。觀現在法有引後用，假立當果，對說現因；觀現在法有酬前相，假立曾因，對說現果。假謂現識似彼相現，如是因果理趣顯然，遠離二邊，契會中道，諸有智者應順修學。

有餘部說：「雖無去來，而有因果恒相續義。謂現在法極迅速者，猶有初後生滅二時；生時酬因，滅時引果；時雖有二，而體是一。前因正滅，後果正生；體相雖殊，而俱是有。如是因果非假施設，然離斷常，又無前難，誰有智者捨此信餘？」彼有虛言，都無實義。何容一念而有二時？生滅相違，寧同現在？滅若現在，生應未來。有故名生，既是現在，無故名滅，寧非過去？滅若非無，生應非有；生既現有，滅應現無。

又二相違，如何體一？非苦樂等，見有是事；生滅若一，時應無二；生滅若異，寧說體同？故生滅時俱現在有，同依一體，理必不成。

經部師等因果相續，理亦不成，彼不許有阿賴耶識能持種故。由此應信大乘所說，因果相續緣起正理。

此識無始，恒轉如流，乃至何位當究竟捨？阿羅漢位方究竟捨。謂諸聖者斷煩惱障，究竟盡時名阿羅漢；爾時此識煩惱粗重，永遠離故說之爲捨。

此中所說阿羅漢者，通攝三乘無學果位；皆已永害煩惱賊故，應受世間妙供養故，永不復受分段生故。云何知然？〈決擇分〉說「諸阿羅漢、獨覺、如來，皆不成就阿賴耶」故。《集論》復說「若諸菩薩得菩提時，頓斷煩惱及所知障，成阿羅漢及如來」故。

「若爾，菩薩煩惱種子未永斷盡，非阿羅漢，應皆成就阿賴耶識，何故即彼〈決擇分〉說：不退菩薩亦不成就阿賴耶識？」彼說二乘無學果位迴心趣向大菩提者，必不退起煩惱障故；趣菩提故，即復轉名不退菩薩。彼不成就阿賴耶識，即攝在此阿羅漢中，故彼論文不違此義。

又不動地以上菩薩，一切煩惱永不行故，法駛流中任運轉故，能諸行中起諸行故，剎那剎那轉增進故，此位方名不退菩薩。然此菩薩雖未斷盡異熟識中煩惱種子，而緣此識我見愛等，不復執藏爲自內我，由斯永捨阿賴耶名，故說不成阿賴耶識，此亦說彼名阿羅漢。

有義：「初地以上菩薩，已證二空所顯理故，已得二種殊勝智故，已斷分別二重障故，能一行中起諸行故；雖爲利益起諸煩惱，而彼不作煩惱過失，故此亦名不退菩薩。然此菩薩雖未斷盡俱生煩惱，而緣此識所有分別我見愛等，不復執藏爲自內我，由斯亦捨阿賴耶名，故說不成阿賴耶識，此亦說彼名阿羅漢。故《集論》中作如是說：十地菩薩雖未永斷一切煩惱，然此煩惱猶如咒藥所伏諸毒，不起一切煩惱過失。一切地中如阿羅漢已斷煩惱，故亦說彼名阿羅漢。」

彼說非理，七地以前猶有俱生我見愛等，執藏此識爲自內我，如何已捨阿賴耶名？若彼分別我見愛等不復執藏，說名爲捨；則預流等諸有學位，亦應已捨阿賴耶名，許、便違害諸論所說。

「地上菩薩所起煩惱，皆由正知不爲過失，非預流等得有斯事，寧可以彼例此菩薩？」彼六識中所起煩惱，雖由正知，不爲過失；而第七識，有漏心位任運現行，執藏此識，寧不與彼預流等同？由此故知彼說非理。然阿羅漢斷此識中煩惱粗重究竟盡故，不復執藏阿賴耶識爲自內我；由斯永失阿賴耶名，說之爲捨；非捨一切第八識體，勿阿羅漢無識持種，爾時便入無餘涅槃。

然第八識，雖諸有情皆悉成就，而隨義別立種種名。謂或名心，由種種法熏習種子所積集故。或名阿陀那，執持種子及諸色根令不壞故。或名所知依，能與染淨所知諸法爲依止故。或名種子識，能遍任持世出世間諸種子故。此等諸名，通一切位。

或名阿賴耶，攝藏一切雜染品法，令不失故；我見愛等執藏，以爲自內我故。此名唯在異生有學，非無學位不退菩薩，有雜染法執藏義故。

或名異熟識，能引生死、善、不善業異熟果故；此名唯在異生、二乘、諸菩薩位，非如來地猶有異熟無記法故。

或名無垢識，最極清淨諸無漏法所依止故，此名唯在如來地有，菩薩、二乘及異生位，持有漏種可受熏習，未得善淨第八識故，如契經說：「如來無垢識，是淨無漏界；解脫一切障，圓鏡智相應。」

阿賴耶名過失重故，最初捨故，此中偏說。異熟識體，菩薩將得菩提時捨，聲聞、獨覺入無餘依涅槃時捨。無垢識體無有捨時，利樂有情無盡時故。心等通故，隨義應說。

然第八識總有二位：一、有漏位，無記性攝；唯與觸等五法相應，但緣前說執受處境。二、無漏位，唯善性攝，與二十一心所相應，謂遍行別境各五、善十一；與一切心恒相應故，常樂證知所觀境故，於所觀境恒印持故，於曾受境恒明記故，世尊無有不定心故，於一切法常決擇故，極淨信等常相應故。無染污故，無散動故。此亦唯與捨受相應，任運恒時平等轉故；以一切法為所緣境，鏡智遍緣一切法故。

「云何應知此第八識，離眼等識有別自體？」聖教、正理為定量故。謂有《大乘阿毘達磨》契經中說：「無始時來界，一切法等依；由此有諸趣，及涅槃證得。」

此第八識自性微細，故以作用而顯示之。頌中初半，顯第八識爲因緣用，後半顯與流轉還滅作依持用。界是因義，即種子識；無始時來，展轉相續親生諸法，故名爲因。依是緣義，即執持識；無始時來與一切法等爲依止，故名爲緣。

謂能執持諸種子故，與現行法爲所依故，即變爲彼，及爲彼依。變爲彼者，謂變爲器及有根身；爲彼依者，謂與轉識作所依止。以能執受五色根故，眼等五識依之而轉。又與末那爲依止故，第六意識依之而轉。末那、意識，轉識攝故，如眼等識依俱有根；第八理應是識性故，亦以第七爲俱有依，是謂此識爲因緣用。

「**由此有**」者，由有此識；「**有諸趣**」者，有善惡趣；謂由有此第八識故，執持一切順流轉法，令諸有情流轉生死。雖惑業生皆是流轉，而趣是果，勝故偏說。或諸趣言，通能所趣；諸趣資具，亦得趣名。諸惑業生，皆依此識，是與流轉作依持用。

「及涅槃證得」者，由有此識故，有涅槃證得。謂由有此第八識故，執持一切順還滅法，令修行者證得涅槃。此中但說能證得道，涅槃不依此識有故。或此但說所證涅槃，是修行者正所求故。或此雙說涅槃與道，俱是還滅品類攝故。謂涅槃言，顯所證滅；後證得言，顯能得道；由能斷道斷所斷惑，究竟盡位證得涅槃；能所斷證，皆依此識，是與還滅作依持用。

又此頌中，初句顯示此識自性無始恒有；後三顯與雜染清淨二法總別，爲所依止。雜染法者，謂苦集諦；即所能趣、生及業惑。清淨法者，謂滅道諦；即所能證、涅槃及道。彼二皆依此識而有，依轉識等，理不成故。或復初句顯此識體無始相續，後三顯與三種自性爲所依止；謂依他起、遍計所執、圓成實性，如次應知。今此頌中諸所說義，離第八識皆不得有。

即彼經中復作是說：「由攝藏諸法，一切種子識，故名阿賴耶，勝者我開示。」由此本識具諸種子，故能攝藏諸雜染法，依斯建立阿賴耶名。非如勝性轉爲大等，種子與果，體非一故，能依所依俱生滅故。與雜染法互相攝藏，亦爲有情執藏爲我，故說此識名阿賴耶。

已入見道諸菩薩衆，得眞現觀，名爲勝者；彼能證解阿賴耶識，故我世尊正爲開示。或諸菩薩皆名勝者，雖見道前未能證解阿賴耶識，而能信解，求彼轉依，故亦爲說。

非諸轉識有如是義，《解深密經》亦作是說：「**阿陀那識甚深細，一切種子如瀑流；我於凡愚不開演，恐彼分別執爲我。**」以能執持諸法種子，及能執受色根依處，亦能執取結生相續，故說此識名阿陀那。無性有情不能窮底，故說甚深；趣寂種性不能通達，故名甚細。是一切法眞實種子，緣擊便生轉識波浪，恒無間斷猶如瀑流。凡即無性，愚即趣寂；恐彼於此起分別執，墮諸惡趣、障生聖道，故我世尊不爲開演。

唯第八識有如是相，《入楞伽經》亦作是說：「**如海遇風緣，起種種波浪；現前作用轉，無有間斷時。藏識海亦然，境等風所擊，恒起諸識浪，現前作**

用轉。」眼等諸識，無如大海恒相續轉起諸識浪，故知別有第八識性。此等無量大乘經中，皆別說有此第八識。

諸大乘經皆順無我，違數取趣；棄背流轉，趣向還滅；讚佛法僧，毀諸外道；表蘊等法，遮勝性等。樂大乘者，許能顯示無顚倒理，契經攝故；如增壹等，至教量攝。

又聖慈氏以七種因，證大乘經眞是佛說：一、先不記故：若大乘經，佛滅度後，有餘爲壞正法故說，何故世尊，非如當起諸可怖事先預記別？二、本俱行故：大小乘教本來俱行，寧知大乘獨非佛說？三、非餘境故：大乘所說廣大甚深，非外道等思量境界，彼經論中曾所未說，設爲彼說亦不信受，故大乘經非非佛說。四、應極成故：若謂大乘是餘佛說，非今佛語，則大乘教是佛所說，其理極成。五、有無有故：若有大乘，即應信此諸大乘教是佛所說，離此大乘不可得故。若無大乘，聲聞乘教亦應非有；以離大乘，決定無有得成佛義，誰出於世說聲聞乘？故聲聞乘是佛所說，非大乘教，不應正理。六、能對治故：依大乘經勤修行者，皆能引得無分別智，能正對治一切煩惱，故應信此是佛所說。七、義異文故：大乘所說意趣甚深，不可隨文而取其義，便生誹謗謂非佛語。是故大乘眞是佛說。如《莊嚴論》頌此義言：「**先不記俱行，非餘所行境；極成有無有，對治異文故。**」

餘部經中亦密意說，阿賴耶識有別自性。謂大眾部《阿笈摩》中，密意說「**此名根本識**」，是眼識等所依止故。譬如樹根，是莖等本，非眼等識有如是義。上座部經、分別論者，俱密說此名有分識；有謂三有，分是因義。唯此恒遍，為三有因。

化地部說，此名窮生死蘊。離第八識，無別蘊法窮生死際無間斷時。謂無色界諸色間斷，無想天等餘心等滅，不相應行離色心等無別自體，已極成故，唯此識名窮生死蘊。

說一切有部《增壹經》中，亦密意說此名阿賴耶，謂愛阿賴耶、樂阿賴耶、欣阿賴耶、喜阿賴耶。謂阿賴耶識，是貪總別、三世境故，立此四名。有情執為眞自內我，乃至未斷，恒生愛著，故阿賴耶識是眞愛著處。不應執餘五取蘊等，謂生一向苦受處者，於餘五取蘊不生愛著；彼恒厭逆餘五取蘊，念我何時當捨此命、此眾同分、此苦身心，令我自在受快樂故。五欲亦非眞愛著處，謂離欲者，於五妙欲雖不貪著，而愛我故。樂受亦非眞愛著處，謂離第三靜慮染者，雖厭樂受而愛我故。身見亦非眞愛著處，謂非無學信無我者，雖於身見不生貪著，而於內我猶生愛故。轉識等亦非眞愛著處，謂非無學求滅心者，雖厭轉識等，而愛我故。色身亦非眞愛著處，離色染者，雖厭色身而愛我故。不相應行，離色心等無別自體，是故亦非眞愛著處。異生有學起我愛時，雖於餘蘊有愛非愛，而於此識我愛定生。故唯此是眞愛著處。由是彼說阿賴耶名，定唯顯此阿賴耶識。

已引聖教，當顯正理。謂契經說，雜染清淨諸法種子之所集起，故名爲心。若無此識，彼持種心不應有故。謂諸轉識在滅定等，有間斷故。根境作意，善等類別，易脫起故，如電光等，不堅住故，非可熏習，不能持種，非染淨種所集起心。此識一類，恒無間斷，如苣藤等堅住可熏，契當彼經所說心義。

若不許有能持種心，非但違經，亦違正理。謂諸所起染淨品法，無所熏故不熏成種，則應所起唐捐其功。染淨起時既無因種，應同外道執自然生；色、不相應，非心性故，如聲光等，理非染淨內法所熏，豈能持種？

又彼離識無實自性，寧可執為內種依止？轉識相應諸心所法，如識間斷，易脫起故，不自在故，非心性故，不能持種亦不受熏；故持種心，理應別有。

有說：「六識無始時來，依根境等前後分位，事雖轉變而類無別；是所熏習能持種子，由斯染淨因果皆成，何要執有第八識性？」彼言無義，所以者何？執類是實，則同外道；許類是假，便無勝用，應不能持內法實種。又執識類，何性所攝？若是善惡，應不受熏，許有記故，猶如擇滅。若是無記，善惡心時無無記心，此類應斷；非事善惡，類可無記，別類必同別事性故。又無心位，此類定無；既有間斷，性非堅住，如何可執持種受熏？

又阿羅漢或異生心，識類同故，應為諸染無漏法熏；許、便有失。又眼等根或所餘法，與眼等識根法類同，應互相熏；然汝不許，故不應執識類受熏。

又六識身，若事若類，前後二念既不俱有，如隔念者非互相熏，能熏所熏必俱時故。執唯六識俱時轉者，由前理趣既非所熏，故彼亦無能持種義。

有執：「色心自類無間，前為後種，因果義立，故先所說為證不成。」彼執非理，無熏習故。謂彼自類既無熏習，如何可執前為後種？又間斷者應不更生，二乘無學應無後蘊，死位色心為後種故。亦不應執色心展轉互為種生，轉識色等非所熏習，前已說故。

有說：「三世諸法皆有因果感赴，無不皆成，何勞執有能持種識？然經說心為種子者，起染淨法，勢用強故。」彼說非理，過去未來非常非現，如空花等非實有故；又無作用，不可執為因緣性故。若無能持染淨種識，一切因果皆不得成。

有執「大乘遣相空理為究竟」者，依似比量，撥無此識及一切法。彼特違害前所引經，智、斷、證、修、染淨、因果，皆執非實，成大邪見。外道「毀謗、染淨、因果」，亦不謂全無，但執非實故。若一切法皆非實有，菩薩不應為捨生死，精勤修集菩提資糧；誰有智者爲除幻敵，求石女兒用爲軍旅？故應信有能持種心，依之建立染淨因果，彼心即是此第八識。

又契經說：有異熟心、善惡業感。若無此識，彼異熟心不應有故。謂眼等識有間斷故，非一切時是業果故，如電光等非異熟心。異熟不應斷已更續，彼命根等無斯事故；眼等六識業所感者，猶如聲等，非恒續故。是異熟生，非眞異熟。

定應許有眞異熟心，酬牽引業，遍而無斷，變爲身器作有情依；身器離心，理非有故；不相應法，無實體故；諸轉識等，非恒有故。若無此心，誰變身器？復依何法，恒立有情？

又在定中或不在定，有別思慮、無思慮時，理有眾多身受生起；此若無者，不應後時身有怡適或復勞損。若不恒有眞異熟心，彼位如何有此身受？非佛起餘善心等位，必應現起眞異熟心；如許起彼時，非佛有情故。由是恒有眞異熟心，彼心即是此第八識。

又契經說，有情流轉五趣四生，若無此識，彼趣生體不應有故。謂要實有、恒、遍、無雜，彼法可立正實趣生。非異熟法，趣生雜亂，住此起餘趣生法故。諸異熟色，及五識中業所感者，不遍趣生，無色界中全無彼故。諸生得善，及意識中業所感者，雖遍趣生，起無雜亂而不恒有；不相應行，無實自體，皆不可立正實趣生。

唯異熟心及彼心所，實、恒、遍、無雜，是正實趣生。此心若無，生無色界起善等位，應非趣生。設許趣生，攝諸有漏生無色界，起無漏心，應非趣生，便違正理；勿有前過及有此失，故唯異熟法是正實趣生。

由是如來非趣生攝，佛無異熟無記法故；亦非界攝，非有漏故，世尊已捨苦集諦故，諸戲論種已永斷故。正實趣生，既唯異熟心及心所，彼心心所，離第八識，理不得成，故知別有此第八識。

又契經說：有色根身，是有執受。若無此識，彼能執受不應有故。謂五色根及彼依處，唯現在世是有執受，彼定由有能執受心。唯異熟心，先業所引非善染等，一類能遍，相續執受有色根身，眼等轉識無如是義。此言意顯：眼等轉識，皆無一類能遍相續執受自內有色根身；非顯能執受唯異熟心，勿諸佛色身無執受故。然能執受有漏色身，唯異熟心，故作是說。

謂諸轉識現緣起故，如聲風等；彼善染等，非業引故，如非擇滅。異熟生者，非異熟故，非遍依故，不相續故，如電光等，不能執受有漏色身。諸心識言，亦攝心所，定相應故，如唯識言。非諸色根、不相應行，可能執受有色根身，無所緣故如虛空等。故應別有能執受心，彼心即是此第八識。

又契經說：「壽煖識三，更互依持，得相續住。」若無此識，能持壽煖令久住識，不應有故。謂諸轉識有間有轉，如聲風等、無恒持用，不可立爲持壽煖識。唯異熟識無間無轉，猶如壽煖，有恒持用故，可立爲持壽煖識。

經說三法更互依持，而壽與煖一類相續；唯識不然，豈符正理？「雖說三法更互依持，而許唯煖不遍三界，何不許識獨有間轉？」此於前理非爲過難，謂若是處，具有三法無間轉者，可恒相持；不爾，便無恒相持用。前以此理，顯三法中所說識言，非詮轉識；舉煖不遍，豈壞前理？故前所說，其理極成。

又三法中，壽煖二種既唯有漏，故知彼識如壽與煖，定非無漏。生無色界起無漏心，爾時何識能持彼壽？由此故知有異熟識，一類恒遍，能持壽煖，彼識即是此第八識。

又契經說，諸有情類受生命終，必住散心，非無心定；若無此識，生死時心不應有故。謂生死時身心惛昧，如睡無夢、極悶絕時，明了轉識必不現起。又此位中，六種轉識行相所緣不可知故，如無心位必不現行；六種轉識行相所緣，有必可知，如餘時故。眞異熟識極微細故，行相所緣俱不可了；是引業果一期相續，恒無轉變，是散有心，名生死心，不違正理。

有說：「五識，此位定無。意識取境，或因五識，或因他教，或定爲因。生位諸因，既不可得，故受生位意識亦無。」若爾，有情生無色界，後時意識應永不生，定心必由散意識引；五識他教彼界必無，引定散心無由起故。若謂「彼定由串習力，後時率爾能現在前」，彼初生時，寧不現起？「又欲色界初受生時，串習意識亦應現起」。若由惛昧初未現前，此即前因，何勞別說？有餘部執：「生死等位，別有一類微細意識，行相所緣俱不可了。」應知即是此第八識，極成意識不如是故。

又將死時，由善惡業，下上身分冷觸漸起，若無此識，彼事不成；轉識不能執受身故，眼等五識各別依故或不行故，第六意識不住身故，境不定故；遍寄身中，恒相續故；不應冷觸，由彼漸生。唯異熟心，由先業力，恒遍相續執受身分，捨執受處，冷觸便生；壽煖識三，不相離故。冷觸起處，即是非情，雖變亦緣而不執受，故知定有此第八識。

又契經說：「識緣名色，名色緣識。如是二法展轉相依，譬如蘆束，俱時而轉。」若無此識，彼識自體不應有故。謂彼經中自作是釋：名謂非色四蘊，色謂羯邏藍等。此二與識相依而住，如二蘆束更互為緣，恒俱時轉，不相捨離。眼等轉識攝在名中，此識若無，說誰為識？亦不可說「名中識蘊謂五識身，識謂第六」，羯邏藍時無五識故。又諸轉識有間轉故，無力恒時執持名色，寧說恒與名色為緣？故彼識言，顯第八識。

又契經說：「一切有情皆依食住。」若無此識，彼識食體，不應有故。謂契經說，食有四種：一者段食，變壞爲相；謂欲界繫香味觸三，於變壞時能爲食事；由此色處非段食攝，以變壞時色無用故。二者觸食，觸境爲相；謂有漏觸纔取境時，攝受喜等能爲食事。此觸雖與諸識相應，屬六識者食義偏勝；觸粗顯境，攝受喜樂及順益捨，資養勝故。三、意思食，希望爲相；謂有漏思與欲俱轉，希可愛境能爲食事。此思雖與諸識相應，屬意識者食義偏勝，意識於境希望勝故。四者識食，執持爲相；謂有漏識由段觸思，勢力增長能爲食事。此識雖通諸識自體，而第八識食義偏勝，一類相續執持勝故。由是《集論》說此四食，三蘊五處十一界攝；此四能持有情身命，令不壞斷，故名爲食。

段食唯於欲界有用，觸、意思食雖遍三界，而依識轉，隨識有無。眼等轉識有間有轉，非遍恒時能持身命；謂無心定、熟眠、悶絕、無想天中，有間斷故。設有心位，隨所依緣性界地等有轉易故，於持身命非遍非恒。諸有執無第八識者，依何等食，經作是言「一切有情皆依食住」？非無心位過去未來識等為食，彼非現常，如空花等，無體用故。設有體用，非現在攝，如虛空等非食性故。亦不可說入定心等，與無心位有情為食；住無心時彼已滅故，過去非食已極成故。又不可說「無想定等不相應行即為彼食」，段等四食所不攝故，不相應法非實有故。

有執滅定等猶有第六識，於彼有情能為食事。彼執非理，後當廣破。又彼應說「生上二界無漏心時以何為食」，無漏識等，破壞有故，於彼身命不可為食。亦不可執「無漏識中有有漏種能為彼食」，無漏識等猶如涅槃，不能執持有漏種故。復不可說「上界有情身命相持即互為食」，四食不攝彼身命故。又無色無身，命無能持故，眾同分等無實體故。

由此定知，異諸轉識有異熟識，一類恒遍，執持身命令不壞斷；世尊依此故作是言：「一切有情皆依食住。」唯依取蘊建立有情，佛無有漏，非有情攝；

說為有情依食住者，當知皆依示現而說。既異熟識是勝食性，彼識即是此第八識。

〔由無心定證有此識：〕

又契經說：「住滅定者，身語心行無不皆滅；而壽不滅，亦不離煖；根無變壞，識不離身。」若無此識住滅定者，不離身識不應有故。謂眼等識行相粗動，於所緣境起必勞慮，厭患彼故暫求止息，漸次伏除至都盡位，依此位立住滅定者，故此定中彼識皆滅。若不許有微細一類、恒、遍、執持壽等識在，依何而說「識不離身」？若謂「後時彼識還起，如隔日瘧，名不離身」；是則不應說心行滅，識與想等，起滅同故；壽、煖、諸根，應亦如識，便成大過。故應許識如壽煖等，實不離身。

又此位中，若全無識，應如瓦礫，非有情數，豈得說為住滅定者？又異熟識此位若無，誰能執持諸根壽煖？無執持故、皆應壞滅，猶如死屍，便無壽等。既爾，後識必不還生，說不離身，彼何所屬？諸異熟識捨此身已，離託餘身，無重生故。

又若此位無持種識，後識無種，如何得生？過去未來不相應法非實有體，已極成故。諸色等法離識皆無，受熏持種亦已遮故。然滅定等無心位中，如有心位，定實有識，具根壽煖，有情攝故。由斯理趣，住滅定者決定有識，實不離身。

若謂此位有第六識，名不離身，亦不應理，此定亦名無心定故。若無五識名無心者，應一切定皆名無心，諸定皆無五識身故；意識攝在六轉識中，如五識身，滅定非有；或此位識行相所緣不可知故，如壽煖等非第六識。若此位有行相所緣可知識者，應如餘位，非此位攝；本爲止息行相所緣可了知識，入此定故。

〔由心所法證有此識：〕

又若此位有第六識，彼心所法爲有、爲無？若有心所，經不應言住此定者心行皆滅，又不應名滅受想定。「此定加行但厭受想，故此定中唯受想滅。」受想二法資助心強，諸心所中獨名心行，說心行滅，何所相違？無想定中應唯想滅，但厭想故，然汝不許。既唯受想資助心強，此二滅時，心亦應滅。「**如身行滅而身猶在，寧要責心令同行滅？**」若爾，語行尋伺滅時，語應不滅，而非所許。然行於法有遍非遍，遍行滅時法定隨滅；非遍行滅，法或猶在；非遍行者謂入出息，見息滅時身猶在故。尋伺於語，是遍行攝；彼若滅時，語定無故。受想於心亦遍行攝，許如思等大地法故。受想滅時，心定隨滅，如何可說彼滅、心在？

又許思等是大地法，滅受想時，彼亦應滅。既爾，信等此位亦無；非遍行滅、餘可在故，如何可言有餘心所？既許思等此位非無，受想應然，大地法故。又此定中若有思等，亦應有觸；餘心所法，無不皆依觸力生故。若許有觸，亦應有受，觸緣、受故；既許有受，想亦應生，不相離故。「**如受緣愛，非一切受皆能起愛，故觸緣受，非一切觸皆能生受；由斯所難，其理不成。**」彼救不然！有差別故。謂佛自簡：唯無明觸，所生諸受爲緣生愛，曾無有處簡觸生受。故若有觸，必有受生；受與想俱，其理決定。或應如餘位，受想亦不滅，執此位中有思等故；許、便違害心行滅言，亦不得成滅受想定。

若無心所，識亦應無，不見餘心離心所故；餘遍行滅，法隨滅故；受等應非大地法故，此識應非相應法故。許、則應無所依緣等，如色等法，亦非心故。

又契經說：意法為緣生於意識，三和合觸，與觸俱起有受想思。若此定中有意識者，三和合故，必應有觸；觸既定與受想思俱，如何有識而無心所？

若謂：「餘時三和有力，成觸生觸、能起受等；由此定前厭患心所，故在定位三事無能，不成生觸，亦無受等。」若爾，應名滅心所定，如何但說滅受想耶？

若謂：「厭時唯厭受想，此二滅故心所皆滅，依前所厭，以立定名。」既爾此中，心亦應滅；所厭俱故，如餘心所。不爾，如何名無心定？

又此定位意識是何？不應是染或無記性，諸善定中無此事故；餘染無記心，必有心所故；不應厭善，起染等故；非求寂靜，翻起散故。

若謂「是善，相應善故」，應無貪等善根相應。此心不應是自性善或勝義善，違自宗故，非善根等及涅槃故。

若謂「**此心是等起善，加行善根所引發故**」，理亦不然，違自宗故；如餘善心，非等起故。

善心無間，起三性心，如何善心由前等起？故心是善，由相應力；既爾必與善根相應，寧說此心獨無心所？故無心所，心亦應無。

如是推徵眼等轉識，於滅定位非不離身；故契經言不離身者，彼識即是此第八識。入滅定時，不為止息此極寂靜執持識故，無想等位類此應知。

〔**由染淨心位證有此識：**〕

又契經說：「**心雜染故有情雜染，心清淨故有情清淨。**」若無此識，彼染淨心不應有故。謂染淨法以心為本，因心而生，依心住故；心受彼熏，持彼種故。然雜染法略有三種，煩惱、業、果，種類別故；若無此識持煩惱種，界地往還，無染心後，諸煩惱起，皆應無因；餘法不能持彼種故，過去未來非實有故。若諸煩惱無因而生，則無三乘學無學果，諸已斷者皆應起故。若無此識持業果種，界地往還異類法後，諸業果起，亦應無因；餘種餘因，前已遮故。若諸業果無因而生，入無餘依涅槃界已，三界業果還復應生，煩惱亦應無因生故。又行緣識應不得成，轉識受熏，前已遮故；結生染識，非行感故；應說名色，行爲緣故；時分懸隔，無緣義故。此不成故，後亦不成。

諸清淨法亦有三種，世出世道，斷果別故。若無此識持世出世清淨道種，異類心後起彼淨法，皆應無因；所執餘因，前已破故。若二淨道無因而生，入無餘依涅槃界已，彼二淨道還復應生，所依亦應無因生故。又出世道初不應生，無法持彼法爾種故；有漏類別，非彼因故；無因而生，非釋種故[2]；初不生故，後亦不生，是則應無三乘道果。

若無此識持煩惱種，轉依斷果亦不得成，謂道起時，現行煩惱及彼種子俱非有故，染淨二心不俱起故。道相應心不持彼種，自性相違如涅槃故；去來得

[2]《成唯識論》卷四：「無因而生，非釋種故。」釋＝識【宋】【元】【明】【宮】。但宋朝等經本改爲「識」字不正確，應依唐本文字及論文原意回復爲「釋」字。

等非實有故，餘法持種理不成故；既無所斷，能斷亦無，依誰由誰而立斷果？若由道力，後惑不生，立斷果者，則初道起應成無學；後諸煩惱皆已無因，永不生故。

許有此識，一切皆成，唯此能持染淨種故。證此識有，理趣無邊；恐厭繁文，略述綱要。別有此識，教理顯然，諸有智人應深信受。

〔第二能變識之法相：〕

如是已說初能變相，第二能變，其相云何？

頌曰：

**次第二能變，是識名末那；依彼轉緣彼，思量為性相。**
**四煩惱常俱，謂我癡我見，并我慢我愛，及餘觸等俱。**
**有覆無記攝，隨所生所繫；阿羅漢滅定，出世道無有。**

**論曰：次初異熟能變識後，應辯思量能變識相，是識聖教別名末那，恒審思量勝餘識故。**

「此名何異第六意識？」此持業釋，如藏識名，識即意故；彼依主釋，如眼識等，識異意故。然諸聖教恐此濫彼，故於第七但立意名。又標意名，爲簡心、識；積集、了別，劣餘識故；或欲顯此與彼意識，爲近所依故但名意。

「依彼轉」者，顯此所依；「彼」謂即前初能變識，聖說此識依藏識故。有義：「此意，以彼識種而爲所依，非彼現識；此無間斷，不假現識爲俱有依方得生故。」有義：「此意以彼識種及彼現識，俱爲所依；雖無間斷，而有轉易，名轉識故；必假現識爲俱有依，方得生故。」「轉」謂流轉，顯示此識恒依彼識取所緣故。

〔三種所依：〕

諸心心所皆有所依，然彼所依總有三種：一、因緣依，謂自種子；諸有爲法皆託此依，離自因緣，必不生故。二、增上緣依，謂內六處；諸心心所皆託此依，離俱有根，必不轉故。三、等無間緣依，謂前滅意；諸心心所皆託此依，離開導根，必不起故。唯心心所具三所依，名有所依，非所餘法。

〔因緣依：〕

初種子依，有作是說：「**要種滅已，現果方生。無種已生，《集論》說故；種與芽等，不俱有故。**」有義：彼說為證不成，彼依引生後種說故；種生芽等，非勝義故；種滅芽生，非極成故；焰炷同時，互為因故。然種自類因果不俱，種現相生，決定俱有；故《瑜伽》說，無常法與他性為因，亦與後念自性為因，是因緣義。自性言顯：種子自類，前為後因。他性言顯：種與現行，互為因義。《攝大乘論》亦作是說：藏識、染法，互為因緣；猶如束蘆，俱時而有。又說種子與果必俱，故種子依，定非前後。設有處說「**種果前後**」，應知皆是隨轉理門。如是，八識及諸心所，定各別有種子所依。

〔俱有依（增上緣依）：〕

次俱有依，有作是說：眼等五識，意識為依；此現起時，必有彼故。無別眼等爲俱有依，眼等五根即種子故。

《二十唯識》伽他中言：

識從自種生，似境相而轉；爲成內外處，佛說彼爲十。

彼頌意說：世尊爲成十二處故，說五識種爲眼等根，五識相分爲色等境，故眼等根即五識種。

《觀所緣論》亦作是說：「識上色功能，名五根應理；功能與境色，無始互爲因。」彼頌意言：異熟識上能生眼等色識種子，名色功能，說爲五根，無別眼等；種與色識，常互爲因；能熏與種，遞爲因故。第七八識無別此依，恒相續轉，自力勝故；第六意識，別有此依，要託末那而得起故。

有義：彼說理教相違，若五色根即五識種，十八界種應成雜亂；然十八界各別有種，諸聖教中處處說故。又五識種各有能生，相見分異，爲執何等名眼等根？若見分種，應識蘊攝；若相分種，應外處攝，便違聖教眼等五根，皆是色蘊內處所攝。

又若五根即五識種，五根應是五識因緣，不應說爲增上緣攝。又鼻舌根即二識種，則應鼻舌唯欲界繫，或應二識通色界繫；許，便俱與聖教相違。眼耳身根即三識種，二界[3]五地爲難亦然。

又五識種既通善惡，應五色根非唯無記。又五識種，無執受攝，五根亦應非有執受。又五色根若五識種，應意識種即是末那，彼以五根爲同法故。又《瑜伽論》說，眼等識皆具三依；若五色根即五識種，依但應二。又諸聖教，說眼等根皆通現種，執唯是種，便與一切聖教相違。

有避如前所說過難，朋附彼執，復轉救言：「**異熟識中，能感五識增上業種，名五色根；非作因緣生五識種，妙符二頌，善順瑜伽。**」彼有虛言，都無實義，應五色根非無記故。又彼應非唯有執受，唯色蘊攝，唯內處故；鼻舌唯應欲界繫故，三根不應五地繫故，感意識業應末那故，眼等不應通現種故，又應眼等非色根故。又若五識皆業所感，則應一向無記性攝；善等五識既非業感，應無眼等爲俱有依。故彼所言，非爲善救。

3【宋】【元】【明】【宮】【聖乙】：界＝地。應爲界，非地。

又諸聖教處處皆說：「阿賴耶識變似色根，及根依處器世間等。」如何汝等撥無色根？許眼等識變似色等，不許眼等藏識所變，如斯迷謬，深違教理。然伽他說「種子功能名五根」者，為破離識實有色根；於識所變似眼根等，以有發生五識用故，假名種子及色功能，非謂色根即識、業種。又緣五境明了意識，應以五識為俱有依，以彼必與五識俱故；若彼不依眼等識者，彼應不與五識為依，彼此相依勢力等故。

又第七識雖無間斷，而見道等既有轉易，應如六識有俱有依；不爾彼應非轉識攝，便違聖教轉識有七，故應許彼有俱有依，此即現行第八識攝。如《瑜伽》說：「有藏識故得有末那，末那為依，意識得轉。」彼論意言：現行藏識為依止故，得有末那，非由彼種。不爾應說：「有藏識故，意識得轉。」由此彼說理教相違。是故應言：前五轉識，一一定有二俱有依，謂五色根、同時意識。第六轉識，決定恒有一俱有依，謂第七識；若與五識俱時起者，亦以五識為俱有依。第七轉識，決定唯有一俱有依，謂第八識。唯第八識恒無轉變，自能立故，無俱有依。

有義：「此說猶未盡理，第八類餘，既同識性，如何不許有俱有依？第七八識既恒俱轉，更互爲依，斯有何失？許現起識以種爲依，識種亦應許依現識。」能熏、異熟，爲生、長、住依；識種離彼，不生、長、住故。又異熟識，有色界中能執持身，依色根轉；如契經說：「**阿賴耶識業風所飄，遍依諸根恒相續轉。**」《瑜伽》亦說：「**眼等六識各別依故，不能執受有色根身。**」若異熟識不遍依止有色諸根，應如六識非能執受，或所立因有不定失；是故藏識若現起者，定有一依，謂第七識；在有色界，亦依色根。若識種子，定有一依，謂異熟識；初熏習位，亦依能熏。餘如前說。

有義：前說皆不應理，未了所依與依別故。「**依**」謂一切有生滅法，仗因託緣而得生住；諸所仗託，皆說爲「**依**」，如王與臣互相依等。若法決定、有境、爲主、令心心所取自所緣，乃是所依，即內六處，餘非有境定爲主故。此但如王，非如臣等，故諸聖教唯心心所名有所依；非色等法，無所緣故。但說心所，心爲所依，不說心所爲心所依，彼非主故。

然有處說，依爲所依，或所依爲依，皆隨宜假說。由此五識俱有所依定有四種，謂五色根、六七八識；隨闕一種，必不轉故；同境、分別、染淨、根本，所依別故。聖教唯說依五根者，以不共故，又必同境，近相順故。

第六意識俱有所依，唯有二種，謂七八識，隨闕一種必不轉故。雖五識俱，取境明了，而不定有，故非所依；聖教唯說依第七者，染淨依故，同轉識攝，近相順故。

「第七意」識，俱有所依，但有一種，謂第八識；藏識若無，定不轉故。如伽他說：「阿賴耶為依，故有末那轉；依止心及意，餘轉識得生。」

阿賴耶識俱有所依，亦但一種，謂第七識；彼識若無，定不轉故，論說藏識恒與末那俱時轉故。又說「藏識恒依染污」，此即末那；而說三位無末那者，依有覆說。如言四位無阿賴耶，非無第八，此亦應爾。雖有色界亦依五根，而不定有，非所依攝。

識種不能現取自境，可有依義，而無所依；心所所依，隨識應說，復各加自相應之心；若作是說，妙符理教。

後開導依，有義：五識自他前後不相續故，必第六識所引生故，唯第六識爲開導依。第六意識自相續故，亦由五識所引生故，以前六識爲開導依。第七八識自相續故，不假他識所引生故，但以自類爲開導依。

有義：前說未爲究理；且前五識未自在位，遇非勝境，可如所說；若自在位，如諸佛等於境自在，諸根互用，任運決定，不假尋求，彼五識身寧不相續？等流五識，既爲決定、染淨、作意勢力引生，專注所緣未能捨頃，如何不許多念相續？故《瑜伽》說：決定心後方有染淨，此後乃有等流眼識善不善轉，而彼不由自分別力；乃至此意不趣餘境，經爾所時，眼意二識或善或染，相續而轉。如眼識生，乃至身識，應知亦爾。彼意定顯：經爾所時，眼意二識俱相續轉；既眼識時非無意識，故非二識互相續生。

若增盛境相續現前，逼奪身心不能暫捨，時五識身，理必相續，如熱地獄、戲忘天等；故《瑜伽》言：「**若此六識爲彼六識等無間緣，即施設此名爲**

意根。[4]」若五識前後，定唯有意識，彼論應言：「若此一識爲彼六識等無間緣。」或彼應言：「若此六識爲彼一識等無間緣。」既不如是，故知五識有相續義。

五識起時必有意識，能引後念意識令起，何假五識爲開導依？無心睡眠、悶絕等位，意識斷已，後復起時，藏識末那既恒相續，亦應與彼爲開導依。若彼用前自類開導，五識自類，何不許然？此既不然，彼云何爾？

平等性智相應末那，初起必由第六意識，亦應用彼爲開導依；圓鏡智俱第八淨識，初必六七方便引生。又異熟心依染污意，或依悲願相應善心；既爾必應許第八識，亦以六七爲開導依。由此彼言都未究理。

應說五識，前六識內，隨用何識爲開導依；第六意識，用前自類或第七八爲開導依；第七末那，用前自類或第六識爲開導依；阿陀那識，用前自類及第

4《瑜伽師地論》卷五十二：「復次云何等無間緣？謂此諸心心所無間，彼諸心心所生，說此爲彼等無間緣。若此六識，爲彼六識等無間緣，即施設此，名爲意根，亦名意處，亦名意界。」（《大正藏》冊三十，頁五八四，中二十八-下二）

六七爲開導依。皆不違理，由前說故。

有義：此說亦不應理。開導依者，謂有緣法、爲主，能作等無間緣；此於後生心心所法，開避引導，名開導依。此但屬心，非心所等。若此與彼無俱起義，說此於彼有開導力；一身八識既容俱起，如何異類爲開導依？若許爲依，應不俱起，便同異部心不並生。

又一身中諸識俱起，多少不定；若容互作等無間緣，色等應爾，便違聖說等無間緣唯心心所。然《攝大乘》說「**色亦容有等無間緣**」者，是縱奪言；謂假縱小乘色心前後有等無間緣，奪因緣故，不爾「等」言應成無用。若謂「等」言非遮多少，但表同類，便違汝執異類識作等無間緣。是故八識各唯自類爲開導依，深契教理；自類必無俱起義故，心所此依，應隨識說。

雖心心所異類並生，而互相應，和合似一，定俱生滅，事業必同；一開導時，餘亦開導，故展轉作等無間緣；諸識不然，不應爲例。然諸心所非開導依，於所引生無主義故。若心心所等無間緣，各唯自類，第七八識初轉依時，相應信等，此緣便闕，則違聖說「諸心心所皆四緣生」。

無心睡眠、悶絕等位，意識雖斷，而後起時，彼開導依即前自類。間斷五識，應知亦然。無自類心於中爲隔，名無間故。彼先滅時，已於今識爲開導故，何煩異類爲開導依？

然聖教中，說前六識互相引起；或第七八依六七生，皆依殊勝增上緣說，非等無間，故不相違。《瑜伽論》說：「若此識無間，諸識決定生。」說此爲彼等無間緣。又此六識，爲彼六識等無間緣，即施設此名意根者，言總意別，亦不相違。故自類依，深契教理。

傍論已了，應辯正論。此能變識雖具三所依，而「依彼轉」言，但顯前二，爲顯此識依緣同故。又前二依，有勝用故；或開導依，易了知故。

如是已說此識所依，所緣云何？謂即緣彼。「彼」謂即前此所依識，聖說此識緣藏識故。

有義：此意緣彼識體及相應法，論說末那我、我所執恒相應故。謂緣彼體及相應法，如次執爲我及我所；然諸心所不離識故，如唯識言，無違教失。

有義：彼說，理不應然，曾無處言緣觸等故。應言此意但緣彼識見及相分，如次執爲我及我所；相見俱以識爲體故，不違聖說。

有義：此說亦不應理，五色根境非識蘊故，應同五識亦緣外故，應如意識緣共境故；應生無色者，不執我所故；厭色生彼，不變色故。應說此意但緣藏識及彼種子，如次執爲我及我所；以種即是彼識功能，非實有物，不違聖教。

有義：前說皆不應理，色等種子非識蘊故，論說種子是實有故，假應如無，非因緣故。又此識俱薩迦耶見，任運一類，恒相續生，何容別執有我我所？無一心中，有斷常等二境別執俱轉義故。亦不應說，二執前後；此無始來，一味轉故。應知此意但緣藏識見分，非餘；彼無始來一類相續，似常一故；恒與諸法，爲所依故。此唯執彼爲自內我，乘語勢故，說我所言。或此執彼是我之我，故於一見，義說二言。若作是說，善順教理；多處唯言有我見故，我、我所執，不俱起故。

未轉依位唯緣藏識，既轉依已，亦緣眞如及餘諸法；平等性智證得十種平等性故，知諸有情勝解差別，示現種種佛影像故。此中且說未轉依時，故但說此緣彼藏識，悟迷通局，理應爾故；無我我境，遍不遍故。「如何此識緣自所依？」如有後識，即緣前意；彼既極成，此亦何咎？

頌言「思量爲性相」者，雙顯此識自性行相，意以思量爲自性故，即復用彼爲行相故；由斯兼釋所立別名，能審思量名末那故。未轉依位，恒審思量所執我相；已轉依位，亦審思量無我相故。

〔意根染俱相應：〕

此意相應有幾心所？且與四種煩惱常俱。此中俱言，顯相應義；謂從無始至未轉依，此意任運恒緣藏識，與四根本煩惱相應。其四者何？謂我癡、我見并我慢、我愛，是名四種。

我癡者謂無明，愚於我相，迷無我理，故名我癡。我見者謂我執，於非我法妄計爲我，故名我見。我慢者謂倨傲，恃所執我，令心高舉，故名我慢。我愛者謂我貪，於所執我深生耽著，故名我愛。并表慢愛有見慢俱，遮餘部執無相應義。

此四常起，擾濁內心，令外轉識恒成雜染；有情由此，生死輪迴不能出離，故名煩惱。

「**彼有十種，此何唯四？**」有我見故，餘見不生，無一心中有二慧故。「**如何此識要有我見？**」二取、邪見，但分別生，唯見所斷；此俱煩惱唯是俱生，修所斷故。我所邊見，依我見生，此相應見不依彼起；恒內執有我，故要有我見。由見審決，疑無容起。愛著我故，瞋不得生。故此識俱煩惱唯四。

「**見慢愛三，如何俱起？**」行相無違，俱起何失？

「**《瑜伽論》說，貪令心下，慢令心舉，寧不相違？**」分別俱生、外境內境、所陵所恃，粗細有殊，故彼此文，義無乖返。

〔**意根餘俱相應：**〕

「此意心所，唯有四耶？」不爾，及「餘觸等俱故」。

有義：此意心所唯九：前四及餘觸等五法，即觸作意受想與思，意與遍行定相應故。前說觸等異熟識俱，恐謂同前亦是無覆，顯此異彼，故置「餘」言。「及」是義集，前四後五，合與末那恒相應故。

「此意何故無餘心所？」謂欲希望未遂合事，此識任運緣遂合境，無所希望，故無有欲。勝解印持曾未定境，此識無始恒緣定事，無所印持，故無勝解。念唯記憶曾所習事，此識恒緣現所受境，無所記憶，故無有念。定唯繫心、專注一境，此識任運剎那別緣，既不專一，故無有定。慧即我見，故不別說。善是淨故，非此識俱。

隨煩惱生，必依煩惱前後分位差別建立；此識恒與四煩惱俱，前後一類分位無別，故此識俱無隨煩惱。

惡作追悔先所造業，此識任運恒緣現境，非悔先業，故無惡作。睡眠必依身心重昧，外眾緣力有時暫起；此識無始一類內執，不假外緣，故彼非有。尋伺俱依外門而轉，淺深推度粗細發言；此識唯依內門而轉，一類執我，故非彼俱。

有義：彼釋「餘」義非理，頌別說此有覆攝故，又闕意俱隨煩惱故。煩惱必與隨煩惱俱，故此「餘」言，顯隨煩惱。

此中有義：五隨煩惱，遍與一切染心相應。如《集論》說：惛沈、掉舉、不信、懈怠、放逸，於一切染污品中恒共相應。若離無堪任性等，染污性成，無是處故。煩惱起時，心既染污，故染心位必有彼五。煩惱若起，必由無堪任、囂動、不信、懈怠、放逸故。掉舉雖遍一切染心，而貪位增，但說貪分。如眠與悔，雖遍三性心，而癡位增，但說為癡分。

雖餘處說，有隨煩惱或六或十，遍諸染心；而彼俱依別義說遍，非彼實遍一切染心。謂依二十隨煩惱中，解通粗細、無記不善、通障定慧，相顯說六。依二十二隨煩惱中，解通粗細、二性，說十。故此彼說，非互相違。然此意俱心所十五，謂前九法、五隨煩惱并別境慧。我見雖是別境慧攝，而五十一心所法中，義有差別，故開為二。

「何緣此意無餘心所？」謂忿等十，行相粗動；此識審細，故非彼俱。無慚無愧唯是不善，此無記故，非彼相應。散亂令心馳流外境，此恒、內執，一類境生，不外馳流，故彼非有。「不正知」者，謂起外門身語意行，違越軌則；此唯內執，故非彼俱。無餘心所，義如前說。

有義：應說六隨煩惱，遍與一切染心相應；《瑜伽論》說，不信、懈怠、放逸、忘念、散亂、惡慧，一切染心皆相應故。忘念、散亂、惡慧，若無心，必不能起諸煩惱；要緣曾受境界種類，發起忘念及邪簡擇，方起貪等諸煩惱故。煩惱起時，心必流蕩，皆由於境起散亂故；惛沈、掉舉，行相互違，非諸染心皆能遍起。論說五法遍染心者，解通粗細，違唯善法，純隨煩惱通二性故。說十遍言，義如前說。然此意俱心所十九，謂前九法、六隨煩惱，并念定慧及加惛沈。此別說念，准前慧釋。并有定者，專注一類所執我境，曾不捨故；加惛沈者，謂此識俱無明尤重，心惛沈故。無掉舉者，此相違故。無餘心所，如上應知。

有義：復說十隨煩惱，遍與一切染心相應；《瑜伽論》說，放逸、掉舉、惛沈、不信、懈怠、邪欲、邪勝解、邪念、散亂、不正知，此十，一切染污心起，通一切處，三界繫故。若無邪欲、邪勝解時，心必不能起諸煩惱；於所受境，要樂合離，印持事相，方起貪等諸煩惱故。諸疑理者，於色等事必無猶豫，故疑相應，亦有勝解。於所緣事亦猶豫者，非煩惱疑，如疑人杌。餘處不說此二遍者，緣非愛事疑相應心，邪欲勝解非粗顯故。餘互有無，義如前說。此意心所有二十四，謂前九法、十隨煩惱、加別境五，准前理釋。無餘心所，如上應知。

有義：前說皆未盡理。且疑他世爲有爲無，於彼有何欲、勝解相？煩惱起位，若無惛沈，應不定有無堪任性。掉舉若無，應無囂動，便如善等非染污位。若染心中無散亂者，應非流蕩，非染污心。若無失念不正知者，如何能起煩惱現前？故染污心，決定皆與八隨煩惱相應而生，謂惛沈、掉舉、不信、懈怠、放逸、忘念、散亂、不正知。忘念、不正知，念慧爲性者，不遍染心；非諸染心皆緣曾受，有簡擇故。若以無明爲自性者，遍染心起，由前說故。然此意俱心所十八，謂前九法、八隨煩惱并別境慧；無餘心所，及論三文，准前應釋。若作是說，不違理教。

〔意根受俱相應：〕

「此染污意，何受相應？」有義：此俱唯有喜受，恒內執我生喜愛故。

有義：不然，應許喜受乃至有頂。違聖言故，應說此意四受相應；謂生惡趣，憂受相應，緣不善業所引果故；生人、欲天、初二靜慮，喜受相應，緣有喜地善業果故；第三靜慮樂受相應，緣有樂地善業果故；第四靜慮乃至有頂，捨受相應，緣唯捨地善業果故。

有義：彼說亦不應理，此無始來任運一類，緣內執我、恒無轉易，與變異受不相應故。又此末那與前藏識，義有異者，皆別說之；若四受俱，亦應別說；既不別說，定與彼同；故此相應，唯有捨受。未轉依位，與前所說心所相應；已轉依位，唯二十一心所俱起，謂遍行、別境各五，善十一；如第八識已轉依位，唯捨受俱任運轉故，恒於所緣平等轉故。

「末那心所，何性所攝？」有覆無記所攝非餘。此意相應四煩惱等，是染法故；障礙聖道隱蔽自心，說名有覆；非善不善，故名無記。如上二界，諸煩惱等定力攝藏，是無記攝；此俱染法，所依細故，任運轉故，亦無記攝。若已轉依，唯是善性。

「末那心所，何地繫耶？」隨彼所生，彼地所繫。謂生欲界，現行末那相應心所，即欲界繫；乃至有頂，應知亦然。任運恒緣自地藏識，執爲內我，非他地故。若起彼地異熟藏識，現在前者名生彼地；染污末耶緣彼執我，即繫屬彼，名彼所繫。或爲彼地諸煩惱等之所繫縛，名彼所繫。若已轉依，即非所繫。

「此染污意無始相續，何位永斷或暫斷耶？」阿羅漢、滅定，出世道無有。阿羅漢者，總顯三乘無學果位，此位染意種及現行，俱永斷滅，故說無有。學位滅定、出世道中俱暫伏滅，故說無有。謂染污意無始時來，微細一類任運而轉，諸有漏道不能伏滅，三乘聖道有伏滅義；眞無我解，違我執故。後得無漏現在前時，是彼等流，亦違此意。眞無我解及後所得，俱無漏故，名出世道。滅定既是聖道等流，極寂靜故，此亦非有。

由未永斷此種子故，從滅盡定聖道起已，此復現行，乃至未滅。然此染意相應煩惱，是俱生故，非見所斷；是染污故，非非所斷。極微細故，所有種子，與有頂地下下煩惱一時頓斷，勢力等故。金剛喻定現在前時，頓斷此種成阿羅漢，故無學位永不復起。二乘無學迴趣大乘，從初發心至未成佛，雖實是菩薩，亦名阿羅漢；應義等故，不別說之。

此中有義：末那唯有煩惱障俱，聖教皆言三位無故，又說四惑恒相應故，又說爲識雜染依故。

有義：彼說教理相違，出世末那經說有故；無染意識如有染時，定有俱生不共依故。論說藏識決定恒與一識俱轉，所謂末那；意識起時則二俱轉，所謂意識及與末那；若五識中隨起一識，則三俱轉；乃至或時頓起五識，則七俱轉。若住滅定無第七識，爾時藏識應無識俱，便非恒定一識俱轉。住聖道時若無第七，爾時藏識應一識俱，如何可言「若起意識，爾時藏識定二俱轉」？

《顯揚論》說：末那恒與四煩惱相應，或翻彼相應恃舉爲行，或平等行，故知此意通染不染。若由論說「阿羅漢位無染意」故便無第七，應由論說「阿羅漢位捨藏識故便無第八」；彼既不爾，此云何然？

又諸論言「轉第七識得平等智」，彼如餘智定有所依相應淨識；此識無者，彼智應無，非離所依有能依故。不可說彼依六轉識，許佛恒行如鏡智故。

又無學位若無第七識，彼第八識應無俱有依；然必有此依，如餘識性故。又如未證補特伽羅無我者，彼我執恒行；亦應未證法無我者，法我執恒行；此識若無，彼依何識？非依第八，彼無慧故。由此應信：二乘聖道、滅定、無學，此識恒行，彼未證得法無我故。

又諸論中以五同法，證有第七爲第六依；聖道起時及無學位，若無第七爲第六依，所立宗因便俱有失。或應五識，亦有無依；五恒有依，六亦應爾。是故定有無染污意，於上三位恒起現前；言彼無有者，依染意說；如說四位無阿賴耶，非無第八，此亦應爾。

此意差別，略有三種：一、補特伽羅我見相應，二、法我見相應，三、平等性智相應。初通一切異生相續、二乘有學，七地以前一類菩薩有漏心位，彼緣阿賴耶識，起補特伽羅我見。次通一切異生，聲聞、獨覺相續、一切菩薩法空智果不現前位，彼緣異熟識起法我見。後通一切如來相續，菩薩見道及修道中，法空智果現在前位；彼緣無垢、異熟識等，起平等性智。

補特伽羅我見起位，彼法我見亦必現前；我執必依法執而起，如夜迷杌等，方謂人等故。我、法二見，用雖有別而不相違，同依一慧。如眼識等，體雖是一，而有了別青等多用，不相違故，此亦應然。

二乘有學聖道，滅定現在前時；頓悟菩薩，於修道位；有學、漸悟，生空智果現在前時，皆唯起法執，我執已伏故。二乘無學及此漸悟，法空智果不現前時，亦唯起法執，我執已斷故。

八地以上一切菩薩，所有我執皆永不行，或已永斷、或永伏故。法空智果不現前時，猶起法執，不相違故。

如契經說：八地以上，一切煩惱不復現行，唯有所依所知障在。此所知障是現非種，不爾煩惱亦應在故。法執俱意，於二乘等雖名不染，於諸菩薩亦名爲染，障彼智故，由此亦名有覆無記；於二乘等說名無覆，不障彼智故。是異熟生攝，從異熟識恒時生故，名異熟生，非異熟果，此名通故；如增上緣，餘不攝者皆入此攝。

〔證有第七識意根：〕

「云何應知此第七識，離眼等識有別自體？」聖教、正理，爲定量故。

謂薄伽梵處處經中，說心意識三種別義：集起名心，思量名意，了別名識，是三別義。如是三義雖通八識，而隨勝顯；第八名心，集諸法種起諸法故；第七名意，緣藏識等，恒審思量爲我等故；餘六名識，於六別境，粗動間斷，了別轉故。如《入楞伽》伽他中說：「**藏識說名心，思量性名意；能了諸**

境相，是說名爲識。」

又大乘經，處處別說有第七識，故此別有。諸大乘經是至教量，前已廣說，故不重成。《解脫經》中，亦別說有此第七識，如彼頌言：「染污意恒時，諸惑俱生滅；若解脫諸惑，非曾非當有。」彼經自釋此頌義言：有染污意從無始來，與四煩惱恒俱生滅；謂我見、我愛，及我慢、我癡。對治道生，斷煩惱已，此意從彼便得解脫；爾時此意相應煩惱，非唯現無，亦無過未，過去未來無自性故。如是等教，諸部皆有；恐厭廣文，故不繁述。

〔別顯意根實有之正理：〕

已引聖教，當顯正理。謂契經說「不共無明，微細恒行，覆蔽眞實」，若無此識，彼應非有。謂諸異生於一切分，恒起迷理不共無明，覆眞實義，障聖慧眼。如伽他說：「眞義心當生，常能爲障礙，俱行一切分，謂不共無明。」是故契經說異生類，恒處長夜，無明所盲，惛醉纏心曾無醒覺。若異生位有暫不起此無明時，便違經義。俱異生位，迷理無明有行不行，不應理故。此依六識皆不得成，應此間斷，彼恒染故；許有末那，便無此失。

「染意恒與四惑相應，此俱無明，何名不共？」

有義：此俱我見慢愛，非根本煩惱，名不共何失？

有義：彼說理教相違，純隨煩惱中，不說此三故。此三，六[5]、十煩惱攝故；處處皆說染污末那，與四煩惱恒相應故。應說四中，無明是主；雖三俱起，亦名不共。從無始際，恒內惛迷，曾不省察，癡增上故。

「此俱見等，應名相應；若爲主時，應名不共。」如無明故，許亦無失。

有義：此癡名不共者，如不共佛法，唯此識有故。「若爾，餘識相應煩惱，此識中無，應名不共。」依殊勝義，立不共名，非互所無皆名不共。謂第七識相應無明，無始恒行，障眞義智；如是勝用，餘識所無；唯此識有，故名不共。「既爾，此俱三，亦應名不共」；無明是主，獨得此名。或許餘三，亦名不共；對餘癡故，且說無明。

[5]《大正藏》改爲「六十煩惱攝故」，【宋】【元】【明】【宮】原文爲「中十煩惱攝故」。

不共無明，總有二種：一、恒行不共，餘識所無。二、獨行不共，此識非有。故《瑜伽》說無明有二：若貪等俱者，名相應無明；非貪等俱者，名獨行無明。是主獨行，唯見所斷，如契經說：「諸聖有學，不共無明已永斷故，不造新業。」非主獨行，亦修所斷，忿等皆通見[6]所斷故。恒行不共，餘部所無；獨行不共，此彼俱有。

又契經說：眼色爲緣生於眼識，廣說乃至意法爲緣生於意識。若無此識，彼意非有。謂如五識，必有眼等增上不共俱有所依；意識既是六識中攝，理應許有如是所依；此識若無，彼依寧有？不可說色爲彼所依，意非色故；意識應無隨念、計度二分別故。亦不可說五識無有俱有所依，彼與五根俱時而轉，如牙影故。又識與根既必同境，如心心所決定俱時。由此理趣，極成意識；如眼等識，必有不共顯自名處，等無間不攝增上所依；極成六識，隨一攝故。

又契經說「思量名意」，若無此識，彼應非有。謂若意識現在前時，等無間意已滅非有；過去、未來，理非有故，彼思量用，定不得成，既爾，如何說名

[6]《大正藏》改爲「忿等皆通見修所斷故」，【宋】【元】【明】【宮】【聖】原文無「修」字。

爲意？若謂假說，理亦不然；無正思量，假依何立？若謂現在曾有思量，爾時名識，寧說爲意？故知別有第七末那，恒審思量，正名爲意；已滅依此，假立意名。

又契經說無想滅定，染意若無，彼應無別。謂彼二定，俱滅六識及彼心所，體數無異，若無染意於二定中一有一無，彼二何別？若謂加行，界地依等有差別者，理亦不然；彼差別因，由此有故。此若無者，彼因亦無，是故定應別有此意。

又契經說：無想有情，一期生中心心所滅；若無此識，彼應無染。謂彼長時無六轉識，若無此意，我執便無。非於餘處有具縛者，一期生中都無我執；彼無我執，應如涅槃，便非聖賢同所訶厭。「初後有故，無如是失。」中間長時，無故有過。「去來有故，無如是失。」彼非現常，無故有過。「所得無故，能得亦無。」不相應法，前已遮破。藏識無故，熏習亦無；餘法受熏，已辯非理。故應別有染污末那，於無想天恒起我執，由斯賢聖同訶厭彼。

又契經說：異生善染無記心時，恒帶我執。若無此識，彼不應有。謂異生類三性心時，雖外起諸業，而內恒執我；由執我故，令六識中所起施等，不能亡相。故《瑜伽》說：「**染污末那爲識依止，彼未滅時，相了別縛不得解脫；末那滅已，相縛解脫。**」言相縛者，謂於境相，不能了達如幻事等，由斯見分，相分所拘不得自在，故名相縛。依如是義，有伽他言：「**如是染污意，是識之所依；此意未滅時，識縛終不脫。**」

又善無覆無記心時，若無我執，應非有漏；自相續中，六識煩惱與彼善等，不俱起故。去來緣縛，理非有故；非由他惑，成有漏故；勿由他解，成無漏故。

又不可說，別有隨眠，是不相應；現相續起，由斯善等成有漏法；彼非實有，已極成故。亦不可說，從有漏種生彼善等，故成有漏；彼種先無因，可成有漏故。非由漏種，彼成有漏，勿學無漏心，亦成有漏故。雖由煩惱引施等業，而不俱起故，非有漏正因；以有漏言，表漏俱故。

又無記業，非煩惱引，彼復如何得成有漏？然諸有漏，由與自身現行煩惱俱生俱滅，互相增益，方成有漏。由此熏成有漏法種，後時現起，有漏義成。異生既然，有學亦爾。

無學有漏，雖非漏俱，而從先時有漏種起，故成有漏，於理無違。由有末那恒起我執，令善等法有漏義成；此意若無，彼定非有，故知別有此第七識。

證有此識，理趣甚多；隨攝大乘，略述六種；諸有智者，應隨信學。然有經中說六識者，應知彼是隨轉理門；或隨所依六根說六，而識類別，實有八種。

〔第三能變識——識陰六識：〕

如是已說第二能變，第三能變，其相云何？

頌曰：

次第三能變，差別有六種；

**了境為性相，善不善俱非。**

論曰：次中思量能變識後，應辯了境能變識相。此識差別總有六種，隨六根境，種類異故，謂名眼識，乃至意識；隨根立名，具五義故。五謂依、發、屬、助、如根。雖六識身皆依意轉，然隨不共，立意識名；如五識身，無相濫過；或唯依意，故名意識。辯識得名，心意非例。

或名色識，乃至法識；隨境立名，順識義故，謂於六境了別名識；色等五識唯了色等，法識通能了一切法；或能了別法，獨得法識名；故六識名，無相濫失。此後隨境立六識名，依五色根未自在說；若得自在，諸根互用，一根發識緣一切境；但可隨根，無相濫失。

《莊嚴論》說，「如來五根，一一皆於五境轉」者，且依粗顯同類境說。《佛地經》說：「成所作智，決擇有情心行差別，起三業化，作四記等。」若不遍緣，無此能故。然六轉識所依所緣粗顯極成，故此不說。前隨義便，已說所依；此所緣境，義便當說。

次言「**了境爲性相**」者，雙顯六識自性行相，識以了境爲自性故，即復用彼爲行相故；由斯兼釋所立別名，能了別境，名爲識故。如契經說：「**眼識云何？謂依眼根了別諸色。**」廣說乃至「**意識云何？謂依意根了別諸法。**」彼經且說不共所依，未轉依位，見分所了；餘所依了，如前已說。

此六轉識，何性攝耶？謂善、不善、俱非性攝。俱非者謂無記，非善不善，故名俱非。能爲此世他世順益，故名爲善。人天樂果，雖於此世能爲順益，非於他世，故不名善；能爲此世他世違損，故名不善。惡趣苦果，雖於此世能爲違損，非於他世，故非不善。於善不善、益損義中，不可記別，故名無記。此六轉識，若與信等十一相應，是善性攝；與無慚等十法相應，不善性攝；俱不相應，無記性攝。

有義：六識三性不俱，同外門轉，互相違故。五識必由意識導引，俱生同境成善染故。若許五識三性俱行，意識爾時應通三性，便違正理，故定不俱。《瑜伽》等說「**藏識一時與轉識相應，三性俱起**」者，彼依多念；如說一心，非一生滅，無相違過。

有義：六識三性容俱，率爾等流眼等五識，或多或少，容俱起故；五識與意雖定俱生，而善性等，不必同故；前所設難，於此唐捐。故《瑜伽》說：「若遇聲緣從定起者，與定相應意識俱轉，餘耳識生。」非唯彼定相應意識能取此聲。若不爾者，於此音聲不領受故不應出定。非取聲時即便出定，領受聲已，若有希望，後時方出。在定耳識，率爾聞聲，理應非善；未轉依者率爾墮心，定無記故。由此誠證，五俱意識非定與五、善等性同。諸處但言五俱意識亦緣五境，不說同性。《雜集論》說：「等引位中五識無」者，依多分說。若五識中，三性俱轉；意隨偏注，與彼性同；無偏注者，便無記性；故六轉識，三性容俱。得自在位，唯善性攝，佛色心等道諦攝故，已永滅除戲論種故。

六識與幾心所相應？

頌曰：

**此心所遍行，別境善煩惱；**

隨煩惱不定，三受共[7]相應。

論曰：此六轉識，總與六位心所相應，謂遍行等。恒依心起，與心相應；繫屬於心，故名心所；如屬我物，立我所名。心於所緣唯取總相，心所於彼亦取別相。助成心事，得心所名；如畫師資，作模填彩。故《瑜伽》說：「識能了別事之總相，作意了此所未了相，即諸心所取所別相[8]。」觸能了此可意等相，受能了此攝受等相，想能了此言說因相，思能了此正因等相，故作意等名心所法。此表心所，亦緣總相。餘處復說：欲亦能了可樂事相，勝解亦了決定事相，念亦能了串習事相，定慧亦了得失等相[9]，由此於境起善染等。諸心所法，皆於所緣兼取別相。

雖諸心所名義無異，而有六位種類差別：謂遍行有五，別境亦五，善有十一，煩惱有六，隨煩惱有二十，不定有四。如是六位，合五十一；一切心中定可得故，緣別別境而得生故，唯善心中可得生故，性是根本煩惱攝故，唯是煩

7《大正藏》修改為「皆三受相應」，【宋】【元】【明】【宮】原文為「三受共相應」。
8《大正藏》修改為「所取別相」，【宋】【元】【明】【宮】原文為「取所別相」。
9《大正藏》修改為「德失等相」，【宋】【元】【明】【宮】原文為「得失等相」。

惱等流性故，於善染等皆不定故。

然《瑜伽論》合六爲五，煩惱、隨煩惱，俱是染故。復以四一切辯五差別：謂一切性，及地、時、俱。五中遍行具四一切，別境唯有初二一切，善唯有一，謂一切地；染，四皆無；不定唯一，謂一切性；由此五位，種類差別。

此六轉識，易脫不定；故皆容與三受相應，皆領順、違、非二相故。領順境相，適悅身心，說名樂受；領違境相，逼迫身心，說名苦受；領中容境相，於身於心非逼非悅，名不苦樂受。如是三受，或各分二：五識相應說名身受，別依身故；意識相應說名心受，唯依心故。又三皆通有漏無漏，苦受亦由無漏起故。或各分三，謂見所斷、修所斷、非所斷。又學無學，非二爲三。或總分四，謂善、不善，有覆、無覆二無記受。

有義：三受容各分四，五識俱起任運貪癡，純苦趣中任運煩惱，不發業者是無記故，彼皆容與苦根相應。《瑜伽論》說：「**若任運生一切煩惱，皆於三受現行可得。若通一切識身者，遍與一切根相應；不通一切識身者，意地一切根**

相應。」《雜集論》說，若欲界繫任運煩惱，發惡行者亦是不善，所餘皆是有覆無記。故知三受各容有四。

或總分五，謂苦樂憂喜捨。三中「苦樂各分二」者，逼悅身心，相各異故；由無分別，有分別故；尤重輕微，有差別故。不苦不樂「不分二」者，非逼非悅，相無異故，無分別故，平等轉故。

諸適悅受，五識相應，恒名爲樂。意識相應，若在欲界、初二靜慮近分名喜，但悅心故。若在初二靜慮根本，名樂名喜，悅身心故。若在第三靜慮近分根本名樂，安靜尤重，無分別故。

諸逼迫受，五識相應，恒名爲苦；意識俱者，有義唯憂，逼迫心故，諸聖教說「意地感受名憂根」故。《瑜伽論》說：「生地獄中諸有情類，異熟無間有異熟生，苦憂相續。」又說「地獄尋伺憂俱，一分鬼趣傍生亦爾」，故知意地尤重感受，尚名爲憂，況餘輕者？

有義通二，人天中者恒名爲憂，非尤重故；傍生鬼界名憂名苦，雜受純受，有輕重故；捺落迦中唯名爲苦，純受尤重無分別故。《瑜伽論》說：「**若任運生一切煩惱，皆於三受現行可得。**」廣說如前。又說俱生薩迦耶見，唯無記性；彼邊執見，應知亦爾。此俱苦受，非憂根攝，論說憂根非無記故。又《瑜伽》說：地獄諸根，餘三現行定不成就，純苦鬼界傍生亦爾；餘三定是樂喜憂根，以彼必成現行捨故。

豈不容捨？彼定不成。寧知彼文唯說容受？應不說彼定成意根，彼六容識有時無故。不應彼論唯說容受，通說意根，無異因故。又若彼論依容受說，如何說彼定成八根？若謂五識不相續故，定說憂根爲第八者，死生悶絕，寧有憂根？有執苦根爲第八者，亦同此破。

設執一形爲第八者，理亦不然，形不定故；彼惡業招，容無形故。彼由惡業，令五根門恒受苦故，定成眼等；必有一形，於彼何用？非於無間大地獄中，可有希求婬欲事故。由斯第八定是捨根，第七八識捨相應故。如極樂地，意悅名樂，無有喜根；故極苦處，意迫名苦，無有憂根；故餘三言，定憂喜樂。餘處說彼有等流樂，應知彼依隨轉理說。或彼通說，餘雜受處；無異熟樂，名純苦故。

然諸聖教，意地感受名憂根者，依多分說或隨轉門，無相違過。《瑜伽論》說「**生地獄中諸有情類，異熟無間，有異熟生苦憂相續**」；又說「**地獄尋伺憂俱，一分鬼趣傍生亦爾**」者，亦依隨轉門。

又彼苦根意識俱者，是餘憂類，假說為憂。或彼苦根損身心故，雖苦根攝，而亦名憂。如近分喜，益身心故，雖是喜根而亦名樂，《顯揚論》等具顯此義。然未至地，定無樂根，說彼唯有十一根故。由此應知，意地感受、純受苦處，亦苦根攝。此等聖教差別多門，恐文增廣，故不繁述。

有義：六識三受不俱，皆外門轉，互相違故。五俱意識同五所緣，五三受俱，意亦應爾；便違正理，故必不俱。《瑜伽》等說「**藏識一時與轉識相應、三受俱起**」者，彼依多念。如說一心非一生滅，無相違過。

有義：六識三受容俱，順違中境容俱受故；意不定與五受同故，於徧注境起一受故，無徧注者便起捨故；由斯六識，三受容俱。得自在位，唯樂喜捨，諸佛已斷憂苦事故。

〔重辨六位心所：〕

前所略標六位心所，今應廣顯彼差別相。且初二位，其相云何？

頌曰：

**初遍行觸等，次別境謂欲、**

**勝解念定慧，所緣事不同。**

**論曰：六位中初遍行心所，即觸等五，如前廣說。「此遍行相，云何應知？」由教及理爲定量故。**此中教者，如契經言：「眼色爲緣生於眼識，三和合觸，與觸俱生，有受想思。」乃至廣說，由斯觸等四是遍行。又契經說：「若根不壞，境界現前，作意正起，方能生識。」餘經復言：「若復於此作意，即於此了別；若於此了別，即於此作意，是故此二恒共和合。」乃至廣說。由此作意亦是遍行。此等聖教，誠證非一。

理謂識起必有三和，彼定生觸，必由觸有；若無觸者，心心所法應不和合觸一境故。作意引心，令趣自境；此若無者，心應無故。受能領納順違中境，令心等起歡慼捨相；無心起時，無隨一故。想能安立自境分齊，若心起時無此想者，應不能取境分齊相。思令心取正因等相，造作善等；無心起位，無此隨一，故必有思。由此證知：觸等五法，心起必有，故是遍行。餘非遍行，義至當說。

次別境者，謂欲至慧，所緣境事多分不同。於六位中，次初說故。云何為欲？於所樂境，希望為性，勤依為業。

有義：所樂謂可欣境，於可欣事欲見聞等，有希望故。「於可厭事希彼不合，望彼別離，豈非有欲？」此但求彼不合離時可欣自體，非可厭事；故於可厭及中容境，一向無欲。緣可欣事，若不希望，亦無欲起。

有義：所樂謂所求境，於可欣厭，求合離等，有希望故；於中容境，一向無欲；緣欣厭事，若不希求，亦無欲起。

有義：所樂謂欲觀境，於一切事欲觀察者，有希望故；若不欲觀，隨因境勢，任運緣者，即全無欲。由斯理趣，欲非遍行。有說要由希望境力，諸心心所方取所緣，故經說欲為諸法本。

彼說不然！心等取境，由作意故；諸聖教說「**作意現前能生識**」故，曾無處說由欲能生心心所故。如說諸法愛為根本，豈心心所皆由愛生？故說「**欲為諸法本**」者[10]，說欲所起一切事業；或說善欲能發正勤，由彼助成一切善事，故論說此「**勤依為業**」。

云何勝解？於決定境，印持為性，不可引轉為業。謂邪正等教理證力，於所取境審決印持，由此異緣不能引轉。故猶豫境，勝解全無；非審決心，亦無勝解。由斯勝解，非遍行攝。

有說：「**心等取自境時，無拘礙故，皆有勝解。**」彼說非理！所以者何？能不礙者即諸法故，所不礙者即心等故。「**勝發起者，根作意故。**」若由此故，彼

[10]《大正藏》修改為「**故說欲為諸法本者**」，【宋】【元】【明】【宮】：「**故說為欲諸法本者**」。

勝發起；此應復待餘，便有無窮失。

云何爲念？於曾習境，令心明記，不忘爲性，定依爲業。謂數憶持曾所受境，令不忘失，能引定故。於曾未受體類境中，全不起念；設曾所受，不能明記，念亦不生，故念必非遍行所攝。

有說「心起必與念俱[11]，能爲後時憶念因故」，彼說非理！勿於後時有癡信等，前亦有故。前心心所或想勢力，足爲後時憶念因故。

云何爲定？於所觀境，令心專注不散爲性，智依爲業。謂觀得失俱非境中，由定令心專注不散，依斯便有決擇智生。心專注言，顯所欲住即便能住，非唯一境。不爾見道歷觀諸諦，前後境別，應無等持。若不繫心專注境位，便無定起，故非遍行。

有說「爾時亦有定起，但相微隱」，應說誠言。若「定能令心等和合，同趣一境故是遍行」，理亦不然，是觸用故。若謂「此定，令剎那頃心不易緣，故遍

[11]《大正藏》修改爲「必有念俱」，【宋】【元】【明】【宮】原文：「必與念俱」。

行攝」，亦不應理，一剎那心，自於所緣無易義故。若言「**由定，心取所緣，故遍行攝**」，彼亦非理！作意令心取所緣故。有說：「**此定體即是心，經說爲心學，心一境性故**」；彼非誠證！依定攝心，令心一境，說彼言故。根、力、覺支、道支等攝，如念慧等，非即心故。

云何爲慧？於所觀境，簡擇爲性，斷疑爲業。謂觀得、失、俱非境中，由慧推求，得決定故；於非觀境，愚昧心中無簡擇故，非遍行攝。

有說：「**爾時亦有慧起，但相微隱。**」天愛寧知？「**《對法》說爲大地法故。**」諸部、對法，展轉相違，汝等如何執爲定量？

唯觸等五，經說遍行；說《十非經》，不應固執。然欲等五，非觸等故，定非遍行，如信貪等。

有義：此五定互相資，隨一起時，必有餘四。

有義：不定，《瑜伽》說此，四一切中無後二故；又說此五，緣四境生；所緣能緣，非定俱故。應說此五或時起一，謂於所樂，唯起希望；或於決定，唯起印解；或於曾習，唯起憶念；或於所觀，唯起專注，謂愚昧類，爲止散心，雖專注所緣，而不能簡擇，世共知彼有定無慧；彼加行位，少有聞思，故說等持緣所觀境。或依多分，故說是言；如戲忘天，專注一境起貪瞋等，有定無慧；諸如是等，其類實繁。或於所觀唯起簡擇，謂不專注，馳散推求。

或時起二，謂於所樂、決定境中，起欲、勝解；或於所樂、曾習境中，起欲及念；如是乃至於所觀境，起定及慧，合有十二。或時起三，謂於所樂、決定、曾習，起欲、解、念；如是乃至於曾所觀，起念、定、慧，合有十三。或時起四，謂於所樂、決定、曾習、所觀境中，起前四種；如是乃至於定、曾習、所觀境中，起後四種，合有五四。或時起五，謂於所樂、決定、曾習、所觀境中，具起五種；如是於四，起欲等五，總別合有三十一句。或有心位，五皆不起；如非四境，率爾墮心及藏識俱，此類非一。

〔辨諸識有無各心所法：〕

第七八識，此別境五，隨位有無，如前已說。第六意識，諸位容俱；依轉未轉，皆不遮故。

有義：五識，此五皆無。緣已得境，無希望故；不能審決，無印持故；恒取新境，無追憶故；自性散動，無專注故；不能推度，無簡擇故。

有義：五識，容有此五。雖無於境增上希望，而有微劣樂境義故；於境雖無增上審決，而有微劣印境義故；雖無明記曾習境體，而有微劣念境類故；雖不作意繫念一境，而有微劣專注義故；遮等引故，說性散動，非遮等持，故容有定；雖於所緣不能推度，而有微劣簡擇義故，由此聖教說「**眼耳通是眼耳識相應智性**」；餘三准此，有慧無失。

未自在位，此五或無；得自在時，此五定有。樂觀諸境，欲無減故；印境勝解，常無減故；憶習曾受，念無減故。又佛五識，緣三世故；如來無有不定心故；五識皆有作事智故。

此別境五，何受相應？有義欲三，除憂苦受；以彼二境，非所樂故。餘四通四，唯除苦受；以審決等，五識無故。

有義一切，五受相應。論說憂根，於無上法思慕愁慼，求欲證故；純受苦處，希求解脫；意有苦根，前已說故。論說貪愛，憂苦相應；此貪愛俱，必有欲故。苦根既有意識相應，審決等四，苦俱何咎？又五識俱，亦有微細印境等四，義如前說。由斯欲等，五受相應。此五復依性、界、學等諸門分別，如理應思。

已說遍行別境二位，善位心所其相云何？

頌曰：

**善謂信慚愧，無貪等三根，**

**勤安不放逸，行捨及不害。**

**論曰：唯善心俱，名善心所。謂信慚等，定有十一。**

云何爲信？於實德能，深忍樂欲，心淨爲性；對治不信，樂善爲業。

然信差別，略有三種：一、信實有，謂於諸法實事理中，深信忍故。二、信有德，謂於三寶眞淨德中，深信樂故。三、信有能，謂於一切世出世善，深信有力能得能成，起希望故。

由斯對治不信彼心[12]，愛樂證修世出世善。「忍謂勝解，此即信因；樂欲謂欲，即是信果。確陳此信，自相是何？」豈不適言，心淨爲性？「此猶未了彼心淨言，若淨即心，應非心所；若令心淨，慚等何別？心俱淨法，爲難亦然。」此性澄清，能淨心等；以心勝故，立心淨名；如水清珠，能清濁水。慚等雖善，非淨爲相；此淨爲相，無濫彼失。又諸染法各別有相，唯有不信，自相渾濁；復能渾濁餘心心所，如極穢物自穢穢他；信正翻彼，故淨爲相。

有說「信者愛樂爲相」，應通三性，體應即欲；又應苦集，非信所緣。有執「信者隨順爲相」，應通三性，即勝解欲；若印順者，即勝解故；若樂順者，即是欲故。離彼二體，無順相故；由此應知，心淨是信。

云何爲慚？依自法力，崇重賢善爲性；對治無慚，止息惡行爲業。謂依自法尊貴增上，崇重賢善；羞恥過惡，對治無慚，息諸惡行。

云何爲愧？依世間力，輕拒暴惡爲性；對治無愧，止息惡行爲業。謂依世

[12]《大正藏》修改爲「對治彼不信心」，【宋】【元】【明】【宮】【聖】原文爲「對治不信彼心」。

間訶厭增上，輕拒暴惡，羞恥過罪；對治無愧，息諸惡業。

羞恥過惡，是二通相，故諸聖教假說爲體。若執羞恥爲二別相，應慚與愧體無差別；則此二法定不相應，非受想等有此義故。若待自他立二別者，應非實有，便違聖教。若許慚愧實而別起，復違論說十遍善心。「**崇重輕拒，若二別相，所緣有異，應不俱生。二失既同，何乃偏責？**」誰言二法所緣有異？「**不爾，如何？**」善心起時隨緣何境，皆有崇重善及輕拒惡義；故慚與愧，俱遍善心，所緣無別。「**豈不我說亦有此義？**」汝執慚愧自相既同，何理能遮前所設難？然聖教說「顧自他」者，自法名自，世間名他。或即此中崇拒善惡，於己益損，名自他故。

無貪等者，等無瞋癡。此三名根，生善勝故；三不善根，近對治故。云何無貪？於有有具，無著爲性；對治貪著，作善爲業。云何無瞋？於苦苦具，無恚爲性；對治瞋恚，作善爲業。善心起時隨緣何境，皆於有等無著無恚。觀有等立，非要緣彼；如前慚愧觀善惡立，故此二種俱遍善心。

云何無癡？於諸理事，明解爲性；對治愚癡，作善爲業。有義：無癡即慧爲性，《集論》說此報教證智，決擇爲體；生得聞思修所生慧，如次皆是決擇性故。此雖即慧，爲顯善品有勝功能，如煩惱見，故復別說。

有義：無癡非即是慧，別有自性，正對無明；如無貪瞋，善根攝故。論說大悲無瞋癡攝，非根攝故；若彼無癡以慧爲性，大悲如力等，應慧等根攝。又若無癡無別自性，如不害等，應非實物；便違論說「**十一善中，三世俗有，餘皆是實**」。然《集論》說慧爲體者，舉彼因果，顯此自性；如以忍樂，表信自體，理必應爾。以貪瞋癡，六識相應，正煩惱攝；起惡勝故，立不善根；斷彼必由通別對治，通唯善慧，別即三根。由此無癡，必應別有。

勤謂精進，於善惡品修斷事中，勇悍爲性；對治懈怠，滿善爲業。勇表勝進，簡諸染法；悍表精純，簡淨無記，即顯精進唯善性攝。此相差別略有五種，所謂被甲、加行、無下、無退、無足。即經所說「**有勢、有勤、有勇、堅猛、不捨善軛**」，如次應知。此五別者：謂初發心，自分勝進；自分行中，三品別故。或初發心，長時無間慇重無餘，修差別故。或資糧等，五道別故。二乘究竟道，欣大菩提故；諸佛究竟道，樂利樂他故。或二加行、無間解脫，勝進別故。

安謂輕安，遠離粗重，調暢身心，堪任為性；對治惛沈，轉依為業。謂此伏除能障定法，令所依止轉安適故。

不放逸者，精進三根，於所斷修，防修為性；對治放逸，成滿一切世出世間善事為業。謂即四法，於斷修事皆能防修，名不放逸；非別有體，無異相故；於防惡事、修善事中，離四功能無別用故。雖信慚等亦有此能，而方彼四，勢用微劣，非根遍策，故非此依。

「豈不防修是此相用？」防修何異精進三根？「彼要待此，方有作用。」汝此應復待餘，便有無窮失。「勤唯遍策，根但為依，如何說彼有防修用？」汝防修用，其相云何？若普依持，即無貪等；若遍策錄，不異精進；止惡進善，即總四法；令不散亂，應是等持；令同取境，與觸何別？令不忘失，即應是念。如是推尋不放逸用，離無貪等竟不可得，故不放逸定無別體。

云何行捨？精進三根，令心平等正直，無功用住爲性；對治掉舉，靜住爲業。謂即四法，令心遠離掉舉等障，靜住名捨，平等正直，無功用住；初中後位，辯捨差別；由不放逸先除雜染，捨復令心寂靜而住。此無別體，如不放逸，離彼四法無相用故；能令寂靜，即四法故；所令寂靜，即心等故。

云何不害？於諸有情不爲損惱，無瞋爲性；能對治害，悲愍爲業。謂即無瞋，於有情所不爲損惱，假名不害。無瞋翻對斷物命瞋，不害正違損惱物害；無瞋與樂，不害拔苦，是謂此二粗相差別。理實無瞋實有自體，不害依彼一分假立；爲顯慈悲二相別故，利樂有情彼二勝故。

有說：「不害非即無瞋，別有自體，謂賢善性。」此相云何？「謂不損惱。」無瞋亦爾，寧別有性？謂於有情不爲損惱，慈悲賢善是無瞋故。

〔附帶顯示餘別心所：〕

及顯十一義別心所，謂欣厭等善心所法；雖義有別說種種名，而體無異，故不別立。欣謂欲俱無瞋一分，於所欣境不憎恚故。不忿恨惱嫉等亦然，隨應正翻瞋一分故。厭謂慧俱無貪一分，於所厭境不染著故；不慳憍等，當知亦然，隨應正翻貪一分故。不覆誑諂，無貪癡一分，隨應正翻貪癡一分故。

有義：不覆，唯無癡一分，無處說覆亦貪一分故。有義：不慢，信一分攝；謂若信彼，不慢彼故。有義：不慢，捨一分攝，心平等者不高慢故。有義：不慢，慚一分攝，若崇重彼，不慢彼故。有義：不疑，即信所攝，謂若信彼，無猶豫故。有義：不疑，即正勝解，以決定者無猶豫故。有義：不疑，即正慧攝，以正見者無猶豫故。不散亂體，即正定攝。正見正知，俱善慧攝。不忘念者，即是正念。悔眠尋伺，通染不染，如觸欲等，無別翻對。

**「何緣諸染所翻善中，有別建立，有不爾者？」**相用別者便別立之，餘善不然，故不應責。又諸染法遍六識者，勝故翻之，別立善法。慢等忿等，唯意識俱；害雖亦然，而數現起損惱他故，障無上乘勝因悲故，爲了知彼增上過失，翻立不害。失念散亂及不正知，翻入別境，善中不說。**「染淨相翻，淨寧少染？」**淨勝染劣，少敵多故。又解理通，說多同體；迷情事局，隨相分多；故於染淨，不應齊責。

此十一法，三是假有，謂不放逸、捨及不害，義如前說。餘八實有，相用別故。

有義：十一，四遍善心，精進三根遍善品故。餘七不定，推尋事理未決定時，不生信故；慚愧同類，依處各別，隨起一時，第二無故；要世間道斷煩惱時，有輕安故；不放逸捨，無漏道時方得起故；悲愍有情時，乃有不害故。論說「十一，六位中起」，謂決定位有信相應，止息染時有慚愧起，顧自他故；於善品位，有精進三根；世間道時有輕安起，於出世道有捨不放逸，攝眾生時有不害故。

有義：彼說未爲應理。推尋事理未決定心，信若不生，應非是善；如染心等，無淨信故。慚愧類異，依別境同；俱遍善心，前已說故。若出世道輕安不生，應此覺支非無漏故。若世間道無捨不放逸，應非寂靜防惡修善故，又應不伏掉放逸故。有漏善心既具四法，如出世道，應有二故。善心起時皆不損物，違能損法有不害故。論說六位起十一者，依彼彼增、作此此說。故彼所說，定非應理。應說信等十一法中，十遍善心，輕安不遍；要在定位，方有輕安調暢身心，餘位無故。〈決擇分〉說，十善心所，定不定地皆遍善心，定地心中增輕安故。

有義：定加行，亦得定地名；彼亦微有調暢義故，由斯欲界亦有輕安。不爾便違〈本地分〉說**「信等十一，通一切地」**。

有義：輕安唯在定有，由定滋養有調暢故。論說欲界諸心心所，由闕輕安，名不定地。說一切地有十一者，通有尋伺等，三地皆有故。

此十一種，前已具說：第七八識，隨位有無；第六識中，定位皆具；若非定位，唯闕輕安。有義：五識唯有十種，自性散動，無輕安故。有義：五識亦有輕安，定所引善者，亦有調暢故；成所作智俱，必有輕安故。

此善十一，何受相應？十五相應，一除憂苦，有逼迫受，無調暢故。此與別境，皆得相應；信等欲等，不相違故。十一唯善，輕安非欲，餘通三界。皆學等三，非見所斷。《瑜伽論》[13]說，信等六根唯修所斷，非見所斷[14]。餘門分

---

[13] 卷九十四。

別，如理應思。

〔下辨心所之第四位：根本煩惱〕

如是已說善位心所，煩惱心所，其相云何？

頌曰：

**煩惱謂貪瞋，癡慢疑惡見。**

論曰：此貪等六，性是根本煩惱攝故，得煩惱名。云何爲貪？於有有具，染著爲性；能障無貪，生苦爲業；謂由愛力，取蘊生故。云何爲瞋？於苦苦具，憎恚爲性，能障無瞋；不安隱性，惡行所依爲業；謂瞋必令身心熱惱、起諸惡業，不善性故。云何爲癡？於諸理事，迷闇爲性，能障無癡，一切雜染所依爲業；謂由無明，起疑邪見貪等煩惱、隨煩惱業，能招後生雜染法故。

云何爲慢？恃己於他，高舉爲性；能障不慢，生苦爲業。謂若有慢，於德

14《大正藏》：「非見所斷」，【聖】：「非所斷故」。

有德，心不謙下；由此生死輪轉無窮，受諸苦故。此慢差別有七九種，謂於三品我德處生，一切皆通見修所斷。聖位我慢既得現行，慢類由斯，起亦無失。

云何為疑？於諸諦理，猶豫為性，能障不疑善品為業；謂猶豫者，善不生故。

有義：此疑以慧為體，猶豫簡擇，說為疑故；毘助末底是疑義故，末底般若，義無異故。

有義：此疑別有自體，令慧不決，非即慧故。《瑜伽論》說，六煩惱中，見世俗有，即慧分故；餘是實有，別有性故。毘助末底，執慧為疑；毘助若南，智應為識；界由助力，義便轉變；是故此疑，非慧為體。

云何惡見？於諸諦理顛倒推求，染慧為性，能障善見；招苦為業，謂惡見者多受苦故。此見行相，差別有五：

一、薩迦耶見，謂於五取蘊執我我所，一切見趣所依為業。此見差別有二十句、六十五等分別起攝。

二、邊執見，謂即於彼隨執斷常，障處中行出離爲業。此見差別，諸見趣中，有執前際，四遍常論、一分常論；及計後際，有想十六，無想、俱非各有八論、七斷滅論等，分別起攝。

三、邪見，謂謗因果作用實事，及非四見諸餘邪執；如增上緣，名義遍故。此見差別，諸見趣中，有執前際，二無因論、四有邊等，不死矯亂；及計後際，五現涅槃，或計自在、世主、釋梵，及餘物類常恒不易；或計自在等，是一切物因；或有橫計諸邪解脫，或有妄執非道爲道。諸如是等，皆邪見攝。

四、見取，謂於諸見及所依蘊，執爲最勝、能得清淨，一切鬥諍所依爲業。

五、戒禁取，謂於隨順諸見戒禁及所依蘊，執爲最勝、能得清淨，無利勤苦所依爲業。

然有處說，執爲最勝名爲見取，執能得淨名戒取者，是影略說或隨轉門。不爾，如何非滅計滅、非道計道說爲邪見，非二取攝？

如是總別十煩惱中，六通俱生及分別起；任運、思察，俱得生故。疑後三見，唯分別起；要由惡友及邪教力，自審思察方得生故。

邊執見中通俱生者，有義唯斷；常見相粗、惡友等力，方引生故；《瑜伽》等說，何邊執見是俱生耶？謂斷見攝；學現觀者，起如是怖：「**今者我我、何所在耶？**」故禽獸等若遇違緣，皆恐我斷而起驚怖。

有義：彼論依粗相說，理實俱生，亦通常見。謂禽獸等執我常存，熾然造集長時資具[15]，故《顯揚》等諸論，皆說「**於五取蘊執斷計常，或是俱生或分別起**」。

此十煩惱，誰幾相應？貪與瞋癡，定不俱起；愛憎二境，必不同故；於境不決，無染著故。貪與慢見或得相應，所愛所陵，境非一故，說不俱起；所染所恃，境可同故，說得相應。於五見境皆可愛故，貪與五見相應無失。瞋與慢疑，或得俱起；所瞋所恃，境非一故說不相應；所蔑所憎，境可同故說得俱

15《大正藏》：「熾然聚集長時資具」。【宋】【元】【明】【宮】【聖】：「熾然造集長時資具」。

起；初猶豫時，未憎彼故說不俱起；久思不決便憤發故，說得相應。疑順違事，隨應亦爾。

瞋與二取必不相應，執為勝道，不憎彼故。此與三見或得相應，於有樂蘊起身常見，不生憎故，說不相應；於有苦蘊起身常見，生憎恚故說得俱起；斷見翻此，說瞋有無。邪見誹撥惡事好事，如次說瞋或無或有。

慢於境定，疑則不然；故慢與疑，無相應義。慢與五見皆容俱起，行相展轉不相違故；然與斷見必不俱生，執我斷時無陵恃故；與身邪見，一分亦爾。

疑不審決，與見相違；故疑與見，定不俱起。五見展轉，必不相應，非一心中有多慧故。癡與九種皆定相應，諸煩惱生，必由癡故。

此十煩惱，何識相應？藏識全無，末那有四，意識具十；五識唯三，謂貪瞋癡。無分別故，由稱量等，起慢等故。

此十煩惱，何受相應？貪瞋癡三，俱生、分別，一切容與五受相應。貪會違緣，憂苦俱故；瞋遇順境，喜樂俱故。

有義：俱生、分別起慢，容與非苦四受相應，恃苦劣蘊，憂相應故。

有義：俱生亦苦俱起，意有苦受，前已說故；分別慢等，純苦趣無，彼無邪師邪教等故。然彼不造引惡趣業，要分別起，能發彼故。

疑後三見，容四受俱。欲疑無苦等，亦喜受俱故。二取若緣憂俱見等，爾時得與憂相應故。有義：俱生身邊二見，但與喜樂捨受相應，非五識俱，唯無記故。分別二見，容四受俱，執苦俱蘊爲我我所；常、斷見翻此，與憂相應故。有義：二見若俱生者，亦苦受俱；純受苦處，緣極苦蘊，苦相應故。論說俱生一切煩惱，皆於三受現行可得。廣說如前，餘如前說。

此依實義，隨粗相者，貪慢四見，樂喜捨俱；瞋唯苦憂捨受俱起，癡與五受皆得相應；邪見及疑，四俱除苦。貪癡俱樂，通下四地；餘七俱樂，除欲通三。疑獨行癡，欲唯憂捨。餘受俱起，如理應知。

此與別境，幾互相應？貪瞋癡慢，容五俱起；專注一境，得有定故。疑及五見，各容四俱。疑除勝解，不決定故。見非慧俱，不異慧故。

此十煩惱，何性所攝？瞋唯不善，損自他故；餘九通二。上二界者唯無記攝，定所伏故。若欲界繫，分別起者唯不善攝，發惡行故；若是俱生，發惡行者亦不善攝，損自他故。餘無記攝，細不障善，非極損惱自他處故。當知俱生身邊二見，唯無記攝，不發惡業；雖數現起，不障善故。

此十煩惱，何界繫耶？瞋唯在欲，餘通三界。生在下地，未離下染，上地煩惱不現在前；要得彼地根本定者，彼地煩惱容現前故。諸有漏道[16]，雖不能伏分別起惑及細俱生，而能伏除俱生粗惑，漸次證得上根本定。彼但迷事，依外門轉，散亂粗動，正障定故；得彼定已，彼地分別俱生諸惑皆容現前。生在上地，下地諸惑，分別俱生皆容現起；生第四定中有中者，由謗解脫生地獄故；身在上地將生下時，起下潤生俱生愛故。而言生上不起下者，依多分說，或隨轉門。下地煩惱亦緣上地，《瑜伽》等說「欲界繫貪，求上地生」，味上地故；既說瞋恚，憎嫉滅道，亦應憎嫉離欲地故；總緣諸行、執我我所、斷常慢者，得緣上故。餘五緣上，其理極成。

[16]《大正藏》：「謂有漏道」，【宋】【元】【明】【宮】【聖】：「諸有漏道」。

而有處言「**貪瞋慢等不緣上**」者，依粗相說，或依別緣；不見世間執他地法爲我等故，邊見必依身見起故。上地煩惱亦緣下地，說生上者於下有情，恃己勝德而陵彼故。總緣諸行，執我我所斷常愛者，得緣下故。疑後三見，如理應思。而說上惑不緣下者[17]，彼依多分，或別緣說。

此十煩惱，學等何攝？非學無學，彼唯善故。此十煩惱，何所斷耶？非非所斷，彼非染故。分別起者，唯見所斷，粗易斷故；若俱生者，唯修所斷，細難斷故。見所斷十，實俱頓斷，以眞見道總緣諦故。然迷諦相，有總有別：總謂十種皆迷四諦，苦集是彼因依處故，滅道是彼怖畏處故；別謂別迷四諦相起，二唯迷苦，八通迷四；身邊二見，唯果處起，別空非我，屬苦諦故。

謂疑三見，親迷苦理。二取執彼三見、戒禁及所依蘊，爲勝能淨；於自他見，及彼眷屬，如次隨應，起貪恚慢。相應無明，與九同迷；不共無明，親迷苦理。疑及邪見，親迷集等；二取貪等，准苦應知。然瞋亦能親迷滅道，由怖畏彼，生憎嫉故。迷諦親疏，粗相如是；委細說者，貪瞋慢三，見疑俱生，隨

17《大正藏》：「而說上或不緣下者」，【宋】【元】【明】【聖】：「而說上惑不緣下者」。

應如彼。俱生二見，及彼相應愛慢無明，雖迷苦諦，細難斷故，修道方斷。瞋餘愛等，迷別事生，不違諦觀，故修所斷。

雖諸煩惱皆有相分，而所仗質或有或無，名緣有事無事煩惱。彼親所緣雖皆有漏，而所仗質亦通無漏，名緣有漏無漏煩惱。緣自地者，相分似質，名緣分別所起事境；緣滅道諦及他地者，相分與質不相似故，名緣分別所起名境。餘門分別，如理應思。

〔續辨心所法之第五位隨煩惱相：〕

已說根本六煩惱相，諸隨煩惱，其相云何？

頌曰：

**隨煩惱謂忿，恨覆惱嫉慳，**
**誑諂與害憍，無慚及無愧，**
**掉舉與惛沈，不信并懈怠，**

**放逸及失念，散亂不正知。**

**論曰：唯是煩惱分位差別，等流性故，名隨煩惱。此二十種，類別有三：謂忿等十，各別起故，名小隨煩惱。無慚等二，遍不善故，名中隨煩惱。掉舉等八，遍染心故，名大隨煩惱。**

云何為忿？依對現前不饒益境，憤發為性；能障不忿，執仗為業；謂懷忿者，多發暴惡身表業故。此即瞋恚一分為體，離瞋無別忿相用故。

云何為恨？由忿為先，懷惡不捨，結怨為性；能障不恨，熱惱為業；謂結恨者不能含忍，恒熱惱故。此亦瞋恚一分為體，離瞋無別恨相用故。

云何為覆？於自作罪恐失利譽，隱藏為性；能障不覆，悔惱為業；謂覆罪者後必悔惱，不安隱故。有義：此覆，癡一分攝，論唯說此癡一分故；不懼當苦，覆自罪故。有義：此覆，貪癡一分攝；亦恐失利譽，覆自罪故。論據粗顯，唯說癡分，如說掉舉是貪分故；然說掉舉遍諸染心，不可執為唯是貪分。

云何為惱？忿恨為先，追觸暴熱，狠戾為性；能障不惱，蛆螫為業。謂追往惡，觸現違緣，心便狠戾；多發囂暴，凶鄙粗言蛆螫他故。此亦瞋恚一分爲體，離瞋無別惱相用故。

云何爲嫉？殉[18]自名利，不耐他榮，妒忌爲性；能障不嫉，憂慼爲業。謂嫉妒者聞見他榮，深懷憂慼，不安隱故。此亦瞋恚一分爲體，離瞋無別嫉相用故。

云何爲慳？耽著財法，不能惠捨[19]，祕吝爲性；能障不慳，鄙畜爲業。謂慳吝者心多鄙澁，畜積財法不能捨故。此即貪愛一分爲體，離貪無別慳相用故。

云何爲誑？爲獲利譽，矯現有德，詭詐爲性；能障不誑，邪命爲業。謂矯誑者心懷異謀，多現不實，邪命事故。此即貪、癡一分爲體，離二無別誑相用故。

---

18《大正藏》：「徇」，【宋】【元】【明】【宮】【聖】：「殉」。

19《大正藏》：「慧捨」，【宋】【元】【明】【宮】【聖】：「惠捨」。

云何爲諂？爲罔他故[20]矯設異儀，險曲爲性，能障不諂教誨爲業。謂諂曲者爲罔帽他，曲順時宜，矯設方便爲取他意；或藏己失，不任師友正教誨故。此亦貪癡一分爲體，離二無別諂相用故。

云何爲害？於諸有情心無悲愍，損惱爲性；能障不害，逼惱爲業。謂有害者，逼惱他故。此亦瞋恚一分爲體，離瞋無別害相用故。瞋害別相，准善應說。

云何爲憍？於自盛事，深生染著，醉傲爲性；能障不憍，染依爲業。謂憍醉者，生長一切雜染法故。此亦貪愛一分爲體，離貪無別憍相用故。

云何無慚？不顧自法，輕拒賢善爲性；能障礙慚，生長惡行爲業。謂於自法無所顧者，輕拒賢善，不恥過惡，障慚生長諸惡行故。

云何無愧？不顧世間，崇重暴惡爲性；能障礙愧，生長惡行爲業。謂於世間無所顧者，崇重暴惡，不恥過罪，障愧生長諸惡行故。

---

20《大正藏》：「爲網他故」，【宋】【元】【明】【宮】：「爲罔他故」。

不恥過惡是二通相，故諸聖教假說爲體。若執不恥爲二別相，則應此二，體無差別；由斯二法，應不俱生，非受想等有此義故。若待自他立二別者，應非實有，便違聖教；若許此二實而別起，復違論說俱遍惡心。不善心時隨緣何境，皆有輕拒善及崇重惡義，故此二法俱遍惡心，所緣不異，無別起失。然諸聖教說不顧自他者，自法名自，世間名他；或即此中拒善崇惡，於己益損，名自他故。而論說爲貪等分者，是彼等流，非即彼性。

云何掉舉？令心於境不寂靜爲性，能障行捨、奢摩他爲業。

有義：掉舉，貪一分攝，論唯說此是貪分故，此由憶昔樂事生故。

有義：掉舉非唯貪攝，論說掉舉遍染心故。又掉舉相，謂不寂靜，說是煩惱共相攝故，掉舉離此無別相故。雖依一切煩惱假立，而貪位增，說爲貪分。

有義：掉舉別有自性，遍諸染心；如不信等，非說他分，體便非實；勿不信等，亦假有故。而論說爲世俗有者，如睡眠等，隨他相說。掉舉別相，謂即囂動，令俱生法不寂靜故；若離煩惱，無別此相，不應別說障奢摩他，故不寂靜非此別相。

云何惛沈？令心於境無堪任爲性，能障輕安毘鉢舍那爲業。

有義：惛沈，癡一分攝，論唯說此是癡分故，惛昧沈重是癡相故。

有義：惛沈，非但癡攝，謂無堪任，是惛沈相；一切煩惱皆無堪任，離此無別惛沈相故。雖依一切煩惱假立，而癡相增，但說癡分。

有義：惛沈別有自性，雖名癡分，而是等流；如不信等，非即癡攝。隨他相說，名世俗有，如睡眠等，是實有性。惛沈別相，謂即瞢重，令俱生法無堪任故。若離煩惱，無別惛沈相，不應別說障毘鉢舍那，故無堪任非此別相。此與癡相有差別者，謂癡於境迷闇爲相，正障無癡而非瞢重；惛沈於境瞢重爲相，正障輕安而非迷闇。

云何不信？於實德能，不忍樂欲，心穢爲性；能障淨信，惰依爲業；謂不信者，多懈怠故。不信三相，翻信應知；然諸染法各有別相，唯此不信自相渾濁，復能渾濁餘心心所，如極穢物自穢穢他，是故說此，心穢爲性。由不信故，於實德能，不忍樂欲，非別有性。若於餘事邪忍樂欲，是此因果，非此自性。

云何懈怠？於善惡品修斷事中，懶惰爲性；能障精進，增染爲業；謂懈怠者，滋長染故。於諸染事而策勤者，亦名懈怠，退善法故。於無記事而策勤者，於諸善品無進退故，是欲勝解，非別有性。如於無記忍可樂欲，非淨非染，無信不信。

云何放逸？於染淨品不能防修，縱蕩爲性；障不放逸，增惡損善所依爲業；謂由懈怠及貪瞋癡，不能防修染淨品法，總名放逸，非別有體。雖慢疑等亦有此能，而方彼四，勢用微劣，障三善根，遍策法故；推究此相，如不放逸。

云何失念？於諸所緣不能明記爲性，能障正念，散亂所依爲業；謂失念者，心散亂故。有義：失念，念一分攝，說是煩惱相應念故。有義：失念，癡一分攝，《瑜伽》說此是癡分故；癡令念失，故名失念。有義：失念，俱一分攝，由前二文影略說故，論復說此遍染心故。

云何散亂？於諸所緣，令心流蕩爲性；能障正定，惡慧所依爲業；謂散亂者，發惡慧故。有義：散亂，癡一分攝，《瑜伽》說此是癡分故。有義：散亂，貪瞋癡攝，《集論》等說是三分故，說癡分者遍染心故。謂貪瞋癡令心流蕩，勝餘法故，說爲散亂。

有義：散亂，別有自體；說三分者，是彼等流；如無慚等，非即彼攝；隨他相說，名世俗有。散亂別相，謂即躁擾，令俱生法皆流蕩故。若離彼三，無別自體，不應別說障三摩地。掉舉、散亂，二用何別？彼令易解，此令易緣；雖一刹那解緣無易，而於相續有易義故。染污心時由掉亂力，常應念念易解易緣；或由念等力所制伏，如繫猿猴，有暫時住；故掉與亂，俱遍染心。

云何不正知？於所觀境，謬解爲性；能障正知，毀犯爲業；謂不正知者，多所毀犯故。有義：不正知，慧一分攝，說是煩惱相應慧故。有義：不正知，癡一分攝，《瑜伽》說此是癡分故，令知不正，名不正知。有義：不正知，俱一分攝；由前二文，影略說故；論復說此，遍染心故。

與并及言，顯隨煩惱非唯二十，《雜事》等說貪等多種隨煩惱故。隨煩惱名，亦攝煩惱，是前煩惱等流性故；煩惱同類餘染污法，但名隨煩惱，非煩惱攝故。唯說二十隨煩惱者，謂非煩惱，唯染、粗故；此餘染法，或此分位、或此等流，皆此所攝，隨其類別如理應知。

〔諸門分別：〕

如是二十隨煩惱中，小十大三，定是假有。無慚、無愧、不信、懈怠，定是實有，教理成故。掉舉、惛沈、散亂三種，有義是假，有義是實，所引理教，如前應知。

二十皆通俱生、分別，隨二煩惱勢力起故。

此二十中，小十展轉，定不俱起；互相違故，行相粗猛，各爲主故。中二一切不善心俱，隨應皆得小大俱起；論說大八遍諸染心，展轉小中皆容俱起。有處說六遍染心者，惛掉增時不俱起故。有處但說五遍染者，以惛掉等，違唯善故。

此唯染故，非第八俱。第七識中，唯有大八；取捨差別，如上應知。第六識俱，容有一切。小十粗猛，五識中無。中大相通，五識容有。

由斯中大，五受相應。有義：小十除三，忿等唯喜憂捨三受相應；諂誑憍三，四俱除苦。有義：忿等，四俱、除樂；諂誑憍三，五受俱起；意有苦受，前已說故。此受俱相，如煩惱說，實義如是。若隨粗相，忿恨惱嫉害，憂捨俱；覆慳喜捨，餘三增樂；中大隨粗，亦如實義。

如是二十，與別境五，皆容俱起，不相違故。染念染慧，雖非念慧俱，而癡分者亦得相應故。念亦緣現曾習類境，忿亦得緣剎那過去，故忿與念亦得相應。染定起時，心亦躁擾，故亂與定相應無失。

中二大八，十煩惱俱。小十定非見疑俱起，此相粗動，彼審細故。忿等五法，容慢癡俱；非貪恚並，是瞋分故。慳癡慢俱，非貪瞋並，是貪分故。憍唯癡俱，與慢解別，是貪分故。覆誑與諂，貪癡慢俱，行相無違貪癡分故。

〔三性門：〕

小七中二，唯不善攝。小三大八，亦通無記。

〔界地門：〕

小七中二，唯欲界攝；誑諂欲色，餘通三界。生在下地，容起上十一，耽定於他，起憍誑諂故。若生上地，起下後十；邪見愛俱，容起彼故。小十生上，無由起下，非正潤生，及謗滅故。中二大八，下亦緣上，上緣貪等，相應起故。

有義：小十，下不緣上，行相粗近，不遠取故。有義：嫉等，亦得緣上，於勝地法生嫉等故；大八諂誑，上亦緣下，下緣慢等相應起故，梵於釋子起諂誑故。憍不緣下，非所恃故。

〔非學、無學攝：〕

二十皆非學無學攝，此但是染，彼唯淨故。

後十唯通見修所斷，與二煩惱相應起故。見所斷者，隨迷諦相，或總或別，煩惱俱生，故隨所應皆通四部[21]；迷諦親疏等，皆如煩惱說。前十，有義：唯修所斷，緣粗事境任運生故。有義：亦通見修所斷，依二煩惱勢力起故，緣他見等生忿等故。見所斷者，隨所應緣，總別惑力，皆通四部。此中有義：忿等但緣迷諦惑生，非親迷諦，行相粗淺、不深取故。有義：嫉等亦親迷諦，於滅道等生嫉等故。

然忿等十，但緣有事，要託[22]本質方得生故。緣有漏等，准上應知。

---

21《大正藏》改爲「皆通四諦」，【宋】【元】【明】【聖】原文爲「皆通四部」。

22《大正藏》為「記」。【宋】【宮】【聖】為「託」。

已說二十隨煩惱相，不定有四，其相云何？

頌曰：

**不定謂悔眠，尋伺二各二。**

**論曰：悔眠尋伺，於善染等皆不定故，非如觸等定遍心故，非如欲等定遍地故，立不定名。**

悔謂惡作，惡所作業，追悔爲性，障止爲業。此即於果假立因名，先惡所作業，後方追悔故。悔先不作，亦惡所攝，如追悔言：「我先不作如是事業，是我惡作。」

眠謂睡眠，令身不自在，昧略爲性，障觀爲業。謂睡眠位，身不自在，心極闇劣，一門轉故。昧簡在定，略別寤時，令顯睡眠非無體用。有無心位，假立此名，如餘蓋纏，心相應故。

有義：此二，唯癡爲體，說隨煩惱及癡分故。有義：不然！亦通善故；應說此二，染癡爲體，淨即無癡，論依染分，說隨煩惱及癡分攝。

有義：此說亦不應理，無記非癡，無癡性故；應說惡作，思慧爲體，明了思擇所作業故；睡眠合用思想爲體，思想種種夢境相故，論俱說爲世俗有故。彼染污者是癡等流，如不信等說爲癡分。

有義：彼說理亦不然！非思慧想纏彼性故，應說此二各別有體，與餘心所行相別故，隨癡相說，名世俗有。

尋謂尋求，令心匆遽，於意言境，粗轉爲性。伺謂伺察，令心匆遽，於意言境，細轉爲性。此二俱以安不安住，身心分位所依爲業；並用思慧一分爲體，於意言境，不深推度及深推度，義類別故。若離思慧，尋伺二種體類差別，不可得故。

二各二者，有義：尋伺各有染淨二類差別。有義：此釋不應正理，悔眠亦有染淨二故；應說如前諸染心所，有是煩惱、隨煩惱性，此二各有不善無記，或復各有纏及隨眠。

有義：彼釋亦不應理，不定四後有此言故。應言二者，顯二種二：一謂悔眠，二謂尋伺。此二二種，種類各別，故一二言，顯二二種。此各有二，謂染不染，非如善染各唯一故；或唯簡染，故說此言，有亦說為隨煩惱故，為顯不定義，說二各二言；故置此言，深為有用。

〔諸門分別：〕

四中尋伺，定是假有；思慧合成，聖所說故。悔眠，有義：亦是假有，《瑜伽》說為世俗有故。有義：此二是實物有，唯後二種說假有故。世俗有言，隨他相說，非顯前二定是假有。又如內種，體雖是實，而論亦說世俗有故。

四中尋伺，定不相應；體類是同，粗細異故。依於尋伺有染離染，立三地別，不依彼種現起有無，故無雜亂。俱與前二容互相應，前二亦有互相應義。四皆不與第七八俱，義如前說。悔眠唯與第六識俱，非五法故。

有義：尋伺亦五識俱，論說五識有尋伺故；又說尋伺即七分別，謂有相等；《雜集》復言「**任運分別謂五識**」故。

有義：尋伺唯意識俱，論說尋求伺察等法，皆是意識不共法故；又說尋伺，憂喜相應，曾不說與苦樂俱故。「**捨受遍故，可不待說，何緣不說與苦樂俱？**」雖初靜慮有意地樂，而不離喜，總說喜名；雖純苦處有意地苦，而似憂故，總說爲憂。又說尋伺，以名身等義爲所緣，非五識身以名身等義爲境故。然說五識有尋伺者，顯多由彼起，非說彼相應。《雜集》所言「**任運分別謂五識**」者，彼與《瑜伽》所說分別，義各有異；彼說任運即是五識，《瑜伽》說此，是五識俱分別意識，相應尋伺；故彼所引，爲證不成，由此五識定無尋伺。

有義：惡作，憂捨相應，唯慼行轉，通無記故。睡眠，喜憂捨受俱起，行通歡慼，中庸轉故。尋伺，憂喜捨樂相應，初靜慮中意樂俱故。

有義：此四，亦苦受俱，純苦趣中，意苦俱故。

四皆容與五別境俱，行相所緣，不相違故。

悔、眠但與十善容俱，此唯在欲，無輕安故；尋伺容與十一善俱，初靜慮中輕安俱故。

悔但容與無明相應，此行相粗，貪等細故。睡眠尋伺，十煩惱俱；此彼展轉，不相違故。

悔與中大隨惑容俱，非忿等十，各爲主故。睡眠尋伺，二十容俱，眠等位中皆起彼故。

此四皆通善等三性，於無記業亦追悔故。

有義：初二唯生得善，行相粗鄙及昧略故；後二亦通加行善攝，聞所成等，有尋伺故。

有義：初二亦加行善，聞思位中有悔眠故；後三皆通染淨無記，惡作非染，解粗猛故。

四無記中，悔唯中二，行相粗猛，非定果故。眠除第四，非定引生；異熟生心，亦得眠故。尋伺除初，彼解微劣，不能尋察名等義故。

惡作睡眠，唯欲界有；尋伺在欲及初靜慮，餘界地法皆妙靜故。悔眠生上，必不現起；尋伺上下，亦起下上；下上尋伺，能緣上下。

有義：悔眠，不能緣上，行相粗近，極昧略故。有義：此二，亦緣上境，有邪見者悔修定故，夢能普緣所更事故。

悔非無學，離欲捨故。睡眠尋伺，皆通三種，求解脫者，有爲善法皆名學故，學究竟者，有爲善法皆無學故。

悔眠唯通見修所斷，亦邪見等勢力起故，非無漏道親所引生故，亦非如憂深求解脫故。若已斷故，名非所斷；則無學眠，非所斷攝。尋伺雖非眞無漏道，而能引彼，從彼引生，故通見、修、非所斷攝。

有義：尋伺非所斷者，於五法中唯分別攝，《瑜伽》說彼是分別故。有義：此二亦正智攝，說正思惟是無漏故，彼能令心尋求等故，又說彼是言說因故。未究竟位，於藥病等未能遍知；後得智中爲他說法，必假尋伺，非如佛地無功用說，故此二種亦通無漏。雖說尋伺必是分別，而不定說唯屬第三，後得正智中亦有分別故。餘門准上，如理應思。

〔**綜合判攝**：〕

「如是六位諸心所法，爲離心體有別自性？爲即是心分位差別？」設爾何失？「二俱有過。若離心體有別自性，如何聖教說唯有識？又如何說心遠獨行染淨由心士夫六界？《莊嚴論》說復云何通？如彼頌言：『許心似二現，如是似貪等，或似於信等，無別染善法。』若即是心分位差別，如何聖教說心相應？他性相應，非自性故。又如何說心與心所俱時而起，如日與光？《瑜伽論》說復云何通？彼說心所非即心故，如彼頌言：『五種性不成，分位差過失；因緣無別故，與聖教相違。』」

應說離心有別自性，以心勝故，說唯識等。心所依心勢力生故，說似彼現，非彼即心。又識心言，亦攝心所，恒相應故。唯識等言，及現似彼，皆無有失。此依世俗，若依勝義，心所與心非離非即；諸識相望應知亦然，是謂大乘眞俗妙理。

〔三門分別：〕

已說六識心所相應，云何應知現起分位？

頌曰：

**依止根本識，五識隨緣現，**
**或俱或不俱，如濤波依水。**
**意識常現起，除生無想天，**
**及無心二定、睡眠與悶絕。**

論曰：根本識者阿陀那識，染淨諸識生根本故。依止者，謂前六轉識，以

**根本識爲共親依。**

五識者謂前五轉識，種類相似故總說之。隨緣現言，顯非常起，緣謂作意、根、境等緣；謂五識身，內依本識，外隨作意五根境等，眾緣和合方得現前；由此或俱或不俱起，外緣合者有頓漸故。如水濤波，隨緣多少；此等法喻，廣說如經。

由五轉識行相粗動，所藉眾緣時多不俱，故起時少，不起時多。第六意識雖亦粗動，而所藉緣無時不具；由違緣故，有時不起。第七八識行相微細，所藉眾緣一切時有，故無緣礙令總不行。又五識身不能思慮，唯外門轉，起藉多緣，故斷時多，現行時少。第六意識自能思慮，內外門轉，不藉多緣；唯除五位，常能現起，故斷時少，現起時多，由斯不說此隨緣現。

五位者何？生無想等。無想天者，謂修彼定，厭粗想力，生彼天中，違不恒行心及心所；想滅爲首，名無想天。故六轉識，於彼皆斷。

有義：彼天常無六識，聖教說彼無轉識故，說彼唯有有色支故，又說彼爲無心地故。

有義：彼天將命終位，要起轉識然後命終，彼必起下潤生愛故；《瑜伽論》說，後想生已，是諸有情從彼沒故。然說彼無轉識等者，依長時說，非謂全無。

有義：生時亦有轉識，彼中有必起潤生煩惱故；如餘本有初，必有轉識故。

《瑜伽論》說，若生於彼，唯入不起；其想若生，從彼沒故。彼本有初，若無轉識，如何名入？先有後無，乃名入故。〈決擇分〉言：所有生得心心所滅，名無想故。此言意顯彼本有初，有異熟生轉識暫起；宿因緣力，後不復生；由斯引起異熟無記，分位差別說名無想。如善引生二定名善，不爾轉識一切不行，如何可言唯生得滅？故彼初位轉識暫起。彼天唯在第四靜慮，下想粗動，難可斷故，上無無想異熟處故；即能引發無想定思，能感彼天異熟果故。

**「及無心二定」**者，謂無想、滅盡定；俱無六識，故名無心。無想定者，謂有異生伏遍淨貪，未伏上染，由出離想作意爲先，令不恒行心心所滅，想滅爲首，立無想名；令身安和，故亦名定。

修習此定，品別有三：下品修者現法必退，不能速疾還引現前；後生彼天，不甚光淨，形色廣大，定當中夭。中品修者現不必退，設退，速疾還引現前；後生彼天雖甚光淨，形色廣大而不最極，雖有中夭而不決定。上品修者，現必不退；後生彼天，最極光淨，形色廣大，必無中夭；窮滿壽量，後方殞沒。

此定唯屬第四靜慮，又唯是善，彼所引故；下上地無，由前說故。四業通三，除順現受。

有義：此定唯欲界起，由諸外道說力起故，人中慧解極猛利故。

有義：欲界先修習已，後生色界能引現前；除無想天，至究竟故。此由厭想，欣彼果入；故唯有漏，非聖所起。

滅盡定者，謂有無學或有學聖，已伏或離無所有貪，上貪不定；由止息想作意爲先，令不恒行、恒行染污心心所滅，立滅盡名；令身安和，故亦名定；由偏厭受想，亦名滅彼定。修習此定，品別有三：下品修者現法必退，不能速疾還引現前。中品修者現不必退，設退，速疾還引現前。上品修者，畢竟不退。此定初修必依有頂，遊觀無漏爲加行入，次第定中最居後故，雖屬有頂而無漏攝。若修此定已得自在，餘地心後亦得現前。雖屬道諦，而是非學、非無學攝，似涅槃故。

此定初起唯在人中，佛及弟子說力起故，人中慧解極猛利故。後上二界，亦得現前；《鄔陀夷經》是此誠證，無色亦名意成天故。於藏識教未信受者，若生無色不起此定，恐無色心、成斷滅故；已信生彼，亦得現前，知有藏識不斷滅故。要斷三界見所斷惑，方起此定，異生不能伏滅有頂心心所故。此定微妙，要證二空，隨應後得所引發故。

有義：下八地修所斷惑中，要全斷欲，餘伏或斷[23]，然後方能初起此定；欲界惑種二性繁雜，障定強故，唯說不還、三乘無學及諸菩薩得此定故。彼隨

---

[23]《大正藏》：「餘伏或斷」，【宋】【元】【明】【宮】：「餘伏惑斷」。

所應，生上八地皆得後起。

有義：要斷下之四地修所斷惑，餘伏或斷，然後方能初起此定，變異受俱煩惱種子障定強故。彼隨所應，生上五地皆得後起。

「若伏下惑能起此定，後不斷退、生上地者，豈生上已，卻斷下惑？」斷亦無失，如生上者，斷下末那俱生惑故[24]。然不還者對治力強，正潤生位不起煩惱，但由惑種潤上地生。雖所伏惑有退不退，而無伏下生上地義，故無生上卻斷下失。

若諸菩薩，先二乘位已得滅定，後迴心者，一切位中能起此定。若不爾者，或有乃至七地滿心，方能永伏一切煩惱；雖未永斷欲界修惑，而如已斷，能起此定；論說已入遠地菩薩，方能現起滅盡定故。有從初地，即能永伏一切煩惱如阿羅漢，彼十地中皆起此定；經說菩薩前六地中，亦能現起滅盡定故。

無心睡眠與悶絕者，謂有極重睡眠悶絕，令前六識皆不現行。疲極等緣所

[24]《大正藏》：「斷下末那得生惑故」，【宮】【聖】：「斷下末那俱生惑故」。

引身位，違前六識故，名極重睡眠；此睡眠時雖無彼體，而由彼似彼，故假說彼名。風熱等緣所引身位，亦違六識，故名極重悶絕；或此俱是觸處少分。除斯五位，意識恒起。

「正死生時，亦無意識，何故但說五位不行？」有義：死生「及、與」言，顯彼說非理[25]！所以者何？但說六時名無心故，謂前五位及無餘依；應說死生即悶絕攝，彼是最極悶絕位故。說及與言，顯五無雜。此顯六識斷已，後時依本識中自種還起，由此不說入無餘依。此五位中，異生有四，除在滅定；聖唯後三，於中如來、自在菩薩，唯得有一[26]，無睡悶故。

是故八識，一切有情心，與末那二恒俱轉；若起第六，則三俱轉；餘隨緣合，起一至五，則四俱轉乃至八俱。是謂略說識俱轉義。

「若一有情多識俱轉，如何說彼是一有情？」若立有情依識多少，汝無心位應非有情。又他分心現在前位，如何可說自分有情？然立有情，依命根數或

25《成唯識論》卷七：「有義死生，及與言顯。彼說非理，所以者何……」

26《大正藏》：「唯得存一」，【宋】【宮】【聖】：「唯得有一」。

異熟識，俱不違理，彼俱恒時唯有一故。

「一身唯一等無間緣，如何俱時有多識轉？」既許此一引多心所，寧不許此能引多心？又誰定言此緣唯一？說多識俱者，許此緣多故。又欲一時取多境者，多境現前，寧不頓取？諸根境等和合力齊，識前後生，不應理故。又心所性，雖無差別，而類別者許多俱生，寧不許心異類俱起？又如浪像，依一起多，故依一心多識俱轉。又若不許意與五俱，取彼所緣應不明了，如散意識，緣久滅故。

「如何五俱唯一意識，於色等境取一或多？」如眼等識，各於自境取一或多，此亦何失？相見俱有種種相故。

「何故諸識同類不俱？」於自所緣若可了者，一已能了，餘無用故。

「若爾，五識已了自境，何用俱起意識了爲？」五俱意識助五令起，非專爲了五識所緣。又於彼所緣，能明了取，異於眼等識，故非無用。由此聖教說彼意識名有分別，五識不爾。

「多識俱轉，何不相應？」非同境故。設同境者，彼此所依，體數異故；如五根識，互不相應。

八識自性，不可言定一，行相所依緣、相應異故；又一滅時，餘不滅故；能所熏等，相各異故。亦非定異，經說八識如水波等，無差別故；定異應非因果性故，如幻事等無定性故。如前所說識差別相，依理世俗，非眞勝義；眞勝義中，心言絕故，如伽他說：「心意識八種，俗故相有別，眞故相無別，相所相無故。」

〔廣解所變相等：〕

已廣分別三能變相，爲自所變二分所依。云何應知依識所變假說我法，非別實有，由斯一切唯有識耶？

頌曰：

**是諸識轉變，分別所分別；**

**由此彼皆無，故一切唯識。**

**論曰：是諸識者，謂前所說三能變識及彼心所，皆能變似見相二分，立轉變名。所變見分說名分別，能取相故；所變相分名所分別，見所取故。由此正理，彼實我法，離識所變，皆定非有，離能所取無別物故，非有實物離二相故。是故一切有爲無爲，若實若假，皆不離識。「唯」言爲遮離識實物，非「不離識」心所法等。**

或轉變者，謂諸內識轉似我法外境相現；此能轉變即名分別，虛妄分別爲自性故，謂即三界心及心所。此所執境名所分別，即所妄執實我法性。由此分別變似外境假我法相，彼所分別實我法性決定皆無，前引教理已廣破故。是故一切皆唯有識，虛妄分別有極成故。唯既不遮不離識法，故眞空等亦是有性；由斯遠離增減二邊，唯識義成，契會中道。

**「由何教理，唯識義成？」**豈不已說？

**「雖說未了。非破他義，己義便成；應更確陳，成此教理。」**如契經說三界唯心，又說所緣唯識所現。又說諸法皆不離心，又說有情隨心垢淨；又說成就四智菩薩，能隨悟入唯識無境：

一、相違識相智，謂於一處，鬼人天等，隨業差別，所見各異；境若實有，此云何成？

二、無所緣識智，謂緣過未夢境像等非實有境，識現可得；彼境既無，餘亦應爾。

三、自應無倒智，謂愚夫智若得實境，彼應自然成無顛倒，不由功用應得解脫。

四、隨三智轉智：一、隨自在者智轉智，謂已證得心自在者，隨欲轉變，地等皆成。境若實有，如何可變？二、隨觀察者智轉智，謂得勝定修法觀者，隨觀一境，眾相現前；境若是眞[27]，寧隨心轉？三、隨無分別智轉智，謂起證實無分別智，一切境相皆不現前；境若是實，何容不現？

菩薩成就此四智者，於唯識理，決定悟入。又伽他說：「心意識所緣，皆非

[27]《大正藏》改爲「境若是實」，【宋】【元】【明】【宮】【聖】原文爲「境若是眞」。

**離自性；故我說一切，唯有識無餘。」**此等聖教，誠證非一。

極成眼等識，五隨一故；如餘，不親緣離自色等。餘識識故，如眼識等，亦不親緣離自諸法。此親所緣，定非離此；二隨一故，如彼能緣。所緣法故，如相應法，決定不離心及心所。此等正理，誠證非一；故於唯識，應深信受。

我法非有，空識非無；離有離無，故契中道。慈尊依此說二頌言：**「虛妄分別有，於此二都無；此中唯有空，於彼亦有此。」「故說一切法，非空非不空；有無及有故，是則契中道。」**此頌且依染依他說，理實亦有淨分依他。

**「若唯內識似外境起，寧見世間情非情物，處時身用，定不定轉？」**如夢境等，應釋此疑。

**「何緣世尊說十二處？」**依識所變，非別實有。爲入我空，說六二法。如遮斷見，說續有情；爲入法空，復說唯識，令知外法亦非有故。

**「此唯識性，豈不亦空？」**不爾，如何？非所執故，謂依識變。妄執實法，理不可得；說爲法空，非無離言正智所證唯識性故說爲法空。此識若無，便無俗諦；俗諦無故，眞諦亦無，眞俗相依而建立故。撥無二諦，是惡取空，諸佛說爲不可治者。應知諸法，有空不空，由此慈尊說前二頌。

「若諸色處亦識爲體，何緣不[28]似色相顯現，一類堅住相續而轉？」名言熏習勢力起故，與染淨法爲依處故；謂此若無，應無顚倒，便無雜染亦無淨法，是故諸識亦似色見[29]。如有頌言：「亂相及亂體，應許爲色識；及與非色識，若無餘亦無。」

「色等外境分明現證，現量所得，寧撥爲無？」現量證時不執爲外，後意分別妄生外想。故現量境是自相分，識所變故亦說爲有；意識所執外實色等，妄計有故說彼爲無。又色等境非色似色，非外似外，如夢所緣，不可執爲是實外色。

「若覺時色，皆如夢境不離識者，如從夢覺，知彼唯心，何故覺時於自色境，不知唯識？」如夢未覺，不能自知；要至覺時，方能追覺。覺時境色應

28《大正藏》改爲「乃」，【宋】原文爲「不」。

29《大正藏》改爲「現」，【宋】【元】【明】原文爲「見」。古時見通現。

知亦爾，未眞覺位不能自知，至眞覺時，亦能追覺。未得眞覺，恒處夢中，故佛說爲生死長夜，由斯未了色境唯識。

「**外色實無，可非內識境；他心實有，寧非自所緣？**」誰說他心非自識境？但不說彼是親所緣。謂識生時無實作用，非如手等親執外物，日等舒光親照外境，但如鏡等似外境現，名了他心，非親能了；親所了者，謂自所變。故契經言：「**無有少法能取餘法，但識生時似彼相現，名取彼物。**」如緣他心，色等亦爾。

〔**異境非唯難：**〕

「**既有異境，何名唯識？**」奇哉固執，觸處生疑；豈唯識教但說一識？「**不爾如何？**」汝應諦聽：若唯一識，寧有十方凡聖、尊卑、因果等別？誰爲誰說？何法何求？故唯識言，有深意趣。「**識**」言總顯一切有情各有八識、六位心所、所變相見、分位差別，及彼空理所顯眞如：識自相故、識相應故、二所變故、三分位故、四實性故。如是諸法皆不離識，總立識名。「**唯**」言但遮愚夫所執：定離諸識實有色等。

〔結勸：〕

若如是知唯識教意，便能無倒，善備資糧；速入法空，證無上覺，救拔含識生死輪迴。非全撥無、惡取空者，違背教理能成是事，故定應信一切唯識。

〔釋諸妨難：〕

若唯有識，都無外緣，由何而生種種分別？

頌曰：

**由一切種識，如是如是變，**

**以展轉力故，彼彼分別生。**

論曰：一切種識，謂本識中能生自果功能差別；此生等流、異熟、士用、增上果，故名一切種。除離繫者，非種生故；彼雖可證，而非種果；要現起道，斷結得故。有展轉義，非此所說；此說能生、分別種故。此識為體，故立

**識名；種離本識，無別性故。種識二言，簡非種識，有識非種、種非識故。又種識言，顯識中種，非持種識，後當說故。**

此識中種，餘緣助故，即便如是如是轉變；謂從生位轉至熟時，顯變種多，重言如是。謂一切種攝三熏習，共不共等，識種盡故。展轉力者，謂八現識，及彼相應、相見分等，彼皆互有相助力故。即現識等總名分別，虛妄分別爲自性故。分別類多，故言彼彼。

此頌意說，雖無外緣，由本識中有一切種轉變差別，及以現行八種識等展轉力故，彼彼分別而亦得生，何假外緣方起分別？諸淨法起，應知亦然，淨種現行爲緣生故。

**「所說種現緣生分別，云何應知此緣生相？」**緣且有四：

一、因緣，謂有爲法親辦自果；此體有二：一、種子，二、現行。種子者謂本識中，善染無記諸界地等功能差別；能引次後自類功能，及起同時自類現果，此唯望彼是因緣性。現行者謂七轉識，及彼相應所變相見性界地等，除佛果善、極劣無記，餘熏本識生自類種，此唯望彼是因緣性。第八心品無所熏故，非簡所依獨能熏故；極微圓故，不熏成種；現行同類，展轉相望皆非因緣，自種生故。一切異類，展轉相望亦非因緣，不親生故。有說異類同類現行，展轉相望爲因緣者，應知假說，或隨轉門。有唯說「**種是因緣性**」，彼依顯勝，非盡理說；聖說轉識與阿賴耶，展轉相望爲因緣故。

二、等無間緣，謂八現識及彼心所，前聚於後自類無間等而開導，令彼定生；多同類種俱時轉故，如不相應，非此緣攝，由斯八識非互爲緣。心所與心雖恒俱轉，而相應故和合似一，不可施設離別殊異，故得互作等無間緣。入無餘心，最極微劣，無開導用；又無當起等無間法，故非此緣。「**云何知然？**」論有誠說：「**若此識等無間，彼識等決定生。**」即說此是彼等無間緣故。即依此義，應作是說：阿陀那識，三界九地皆容互作等無間緣[30]，下上死生，相開導故。有漏無間有無漏生，無漏定無生有漏者，鏡智起已必無斷故。善與無記，相望亦然。

[30]《大正藏》改爲「等」，【宮】【聖】原文爲「導」。

**「此何界後引生無漏？」**或從色界或欲界後。謂諸異生求佛果者，定色界後引生無漏；後[31]必生在淨居天上，大自在宮得菩提故。二乘迴趣大菩提者，定欲界後引生無漏，迴趣留身，唯欲界故；彼雖必往大自在宮方得成佛，而本願力所留生身是欲界故。

有義：色界亦有聲聞迴趣大乘願留身者，既與教理俱不相違，是故聲聞第八無漏，色界心後亦得現前。然五淨居無迴趣者，經不說彼發大心故。

第七轉識，三界九地亦容互作等無間緣，隨第八識生處繫故。有漏無漏容互相生，十地位中得相引故；善與無記，相望亦然。於無記中，染與不染亦相開導；生空智果，前後位中得相引故。此欲色界，有漏得與無漏相生，非無色界，地上菩薩不生彼故。

第六轉識，三界九地有漏無漏善不善等，各容互作等無間緣；潤生位等，更相引故。初起無漏，唯色界後，〈決擇分〉善唯色界故。眼耳身識，二界二

31《大正藏》改爲「彼」，【宋】【元】【明】【宮】原文爲「後」。

地；鼻舌兩識，一界一地；自類互作等無間緣，善等相望，應知亦爾。

有義：五識有漏無漏，自類互作等無間緣，未成佛時容互起故。有義：無漏有漏後起，非無漏後容起有漏，無漏五識非佛無故；彼五色根定有漏故，是異熟識相分攝故。有漏不共，必俱同境；根發無漏識，理不相應故。此二於境，明昧異故。

三、所緣緣，謂若有法是帶己相心，或相應所慮所託。此體有二：一親、二疏。若與能緣體不相離，是見分等內所慮託，應知彼是親所緣緣；若與能緣體雖相離，爲質能起內所慮託，應知彼是疏所緣緣。親所緣緣，能緣皆有，離內所慮託，必不生故；疏所緣緣，能緣或有，離外所慮託，亦得生故。

第八心品，有義：唯有親所緣緣，隨業因力任運變故。有義：亦定有疏所緣緣，要仗他變質，自方變故。有義：二說俱不應理，自他身土可互受用，他所變者爲自質故；自種於他無受用理，他變爲此，不應理故；非諸有情，種皆等故，應說此品疏所緣緣，一切位中有無不定。

第七心品，未轉依位是俱生故，必仗外質，故亦定有疏所緣緣；已轉依位，此非定有，緣眞如等，無外質故。

第六心品，行相猛利，於一切位能自在轉；所仗外質或有或無，疏所緣緣有無不定。

前五心品，未轉依位粗鈍劣故，必仗外質，故亦定有疏所緣緣；已轉依位，此非定有，緣過未等無外質故。

四、增上緣，謂若有法，有勝勢用，能於餘法或順或違。雖前三緣亦是增上，而今第四除彼取餘，爲顯諸緣差別相故。此順違用，於四處轉；生、住、成、得，四事別故。

然增上用，隨事雖多，而勝顯者唯二十二，應知即是二十二根。前五色根，以本識等所變眼等淨色爲性；男女二根，身根所攝，故即以彼少分爲性；命根但依本識親種分位假立，非別有性；意根總以八識爲性；五受根如應，各自受爲性；信等五根，即以信等及善念等而爲自性。

未知當知根，體位有三種：一、根本位，謂在見道，除後剎那，無所未知可當知故。二、加行位，謂煖、頂、忍、世第一法，近能引發根本位故。三、資糧位，謂從爲得諦現觀故，發起決定勝善法欲，乃至未得順決擇分所有善根，名資糧位，能遠資生根本位故。於此三位，信等五根、意、喜、樂、捨，爲此根性。加行等位，於後勝法求證愁慼，亦有憂根；非正善根，故多不說。前三無色有此根者，有勝見道，傍修得故；或二乘位迴趣大者，爲證法空，地前亦起九地所攝生空無漏；彼皆菩薩，此根攝故。菩薩見道亦有此根，但說地前，以時促故。

始從見道最後剎那，乃至金剛喻定，所有信等無漏九根，皆是已知根性。未離欲者，於上解脫求證愁慼，亦有憂根，非正善根，故多不說。諸無學位無漏九根，一切皆是具知根性。有頂雖有遊觀無漏，而不明利，非後三根。二十二根自性如是，諸餘門義，如論應知。

如是四緣，依十五處義差別故，立爲十因。

云何此依十五處立？一、語依處，謂法名想所起語性，即依此處立隨說因。謂依此語，隨見聞等說諸義故，此即能說爲所說因。有論說此是名想見，由如名字取相執著隨起說故；若依彼說，便顯此因是語依處。

二、領受依處，謂所觀待能所受性，即依此處立觀待因。謂觀待此，令彼諸事或生、或住、或成、或得，此是彼觀待因。

三、習氣依處，謂內外種未成熟位，即依此處立牽引因。謂能牽引遠自果故。

四、有潤種子依處，謂內外種已成熟位，即依此處立生起因。謂能生起近自果故。

五、無間滅依處，謂心心所等無間緣。
六、境界依處，謂心心所所緣緣。
七、根依處，謂心心所所依六根。
八、作用依處，謂於所作業、作具、作用，即除種子餘助現緣。
九、士用依處，謂於所作業、作者、作用，即除種子餘作現緣。
十、眞實見依處，謂無漏見，除引自種，於無漏法能助引證。總依此六，立攝受因；謂攝受五，辯[32]有漏法；具攝受六，辯無漏故。
十一、隨順依處，謂無記、染、善現種諸行，能隨順同類勝品諸法。即依此處立引發因，謂能引起同類勝行，及能引得無爲法故。
十二、差別功能依處，謂有爲法，各於自果有能起證差別勢力；即依此處

[32]《大正藏》改爲「辨」，【宋】【元】【明】【宮】原文爲「辯」。

立定異因，謂各能生自界等果，及各能得自乘[33]果故。

十三、和合依處，謂從領受，乃至差別功能依處，於所生、住、成、得果中，有和合力，即依此處立同事因。謂從觀待乃至定異，皆同生等一事業故。

十四、障礙依處，謂於生住成得事中能障礙法，即依此處立相違因，謂彼能違生等事故。

十五、不障礙依處，謂於生住成得事中不障礙法，即依此處立不相違因，謂彼不違生等事故。

如是十因，二因所攝：一、能生，二、方便。〈菩薩地〉說，牽引種子、生起種子，名能生因；所餘諸因，方便因攝。此說牽引、生起、引發、定異、同事、不相違中，諸因緣種未成熟位，名牽引種；已成熟位，名生起種。彼六因中，諸因緣種，皆攝在此二位中故。雖[34]有現起，是能生因；如四因中生自種

33《大正藏》改為「乘」，【宋】【元】【明】原為文「更」。古時「更」又讀作「經」，謂經歷也。
34《大正藏》改為「離」，【宮】【聖】原文：「雖」。

者，而多間斷，此略不說。或親辦果亦立種名，如說現行穀麥等種。所餘因謂初二五九，及六因中非因緣法，皆是生熟因緣種餘，故總說為方便因攝。非此二種唯屬彼二因，餘四因中有因緣種故；非唯彼八名所餘因，彼二因亦有非因緣種故。

有尋等地，說生起因是能生因，餘方便攝。此文意說，六因中現種是因緣者，皆名生起因，能親生起自類果故。此所餘因皆方便攝，非此生起，唯屬彼因，餘五因中有因緣故。非唯彼九名所餘因，彼生起因中有非因緣故。

或〈菩薩地〉所說牽引、生起種子，即彼二因，所餘諸因即彼餘八，雖二因內有非能生因，而因緣種勝，顯故偏說；雖餘因內有非方便因，而增上者多，顯故偏說。有尋等地，說生起因是能生因，餘方便者。生起即是彼生起因，餘因應知即彼餘九。雖生起中有非因緣種，而去果近親，顯故偏說。雖牽引中亦有因緣種，而去果遠親，隱故不說。餘方便攝，准上應知。

所說四緣，依何處立？復如何攝十因、二因？論說因緣，依種子立；依無間滅，立等無間；依境界，立所緣；依所餘，立增上。

此中種子，即是三、四、十一、十二、十三、十五；六依處中，因緣種攝。雖現四處亦有因緣，而多間斷，此略不說。或彼亦能親辦自果，如外麥等，亦立種名。

或種子言唯屬第四，親疏隱顯，取捨如前。

言無間滅、境界處者，應知總顯二緣依處，非唯五六；餘依處中，亦有中間二緣義故。

或唯五六，餘處雖有，而少隱故，略不說之。

論說因緣，能生因攝；增上緣性，即方便因；中間二緣，攝受因攝。雖方便內具後三緣，而增上多，故此偏說。餘因亦有中間二緣，然攝受中，顯故偏說。初能生攝，進退如前。

「**所說因緣必應有果，此果有幾？依何處得？**」果有五種：一者異熟，謂有漏善及不善法，所招自相續異熟生無記。二者等流，謂習善等所引同類，或似先業後果隨轉。三者離繫，謂無漏道、斷障所證善無爲法。四者士用，謂諸作者，假諸作具所辦事業。五者增上，謂除前四，餘所得果。《瑜伽》等說：習氣依處得異熟果，隨順依處得等流果，眞見依處得離繫果，士用依處得士用果，所餘依處得增上果。

習氣處言，顯諸依處感異熟果一切功能。隨順處言，顯諸依處引等流果一切功能。眞見處言，顯諸依處證離繫果一切功能。士用處言，顯諸依處招士用果一切功能。所餘處言，顯諸依處得增上果一切功能。不爾，便應太寬太狹。

或習氣者唯屬第三，雖異熟因餘處亦有，此處亦有非異熟因；而異熟因去果相遠，習氣亦爾，故此偏說。隨順唯屬第十一處，雖等流果餘處亦得，此處亦得非等流果；而此因招勝行相顯，隨順亦爾，故偏說之。眞見處言，唯詮第十，雖證離繫，餘處亦能，此處亦能得非離繫；而此證離繫，相顯故偏說。士用處言，唯詮第九，雖士用果餘處亦招，此處亦能招增上等，而名相顯，是故偏說。所餘唯屬餘十一處，雖十一處亦得餘果，招增上果餘處亦能；而此十一多招增上，餘已顯餘，故此偏說。

如是即說此五果中，若異熟果，牽引、生起、定異、同事、不相違因，增上緣得。若等流果，牽引、生起、攝受、引發、定異、同事、不相違因，初後緣得。若離繫果，攝受、引發、定異、同事、不相違因，增上緣得。

若士用果，有義：觀待、攝受、同事、不相違因，增上緣得。有義：觀待、牽引、生起、攝受、引發、定異、同事、不相違因，除所緣緣，餘三緣得。

若增上果，十因四緣一切容得。

〔正論生義：〕

傍論已了，應辨[35]正論。本識中種，容作三緣生現分別，除等無間。謂各親種是彼因緣，爲所緣緣於能緣者。若種於彼有能助力，或不障礙，是增上緣。生淨現行，應知亦爾。

現起分別，展轉相望，容作三緣，無因緣故。謂有情類自他展轉，容作二

35《大正藏》改爲「辯」，【宋】【明】【聖】：「辨」。

緣，除等無間。自八識聚展轉相望，定有增上緣，必無等無間。所緣緣義，或無或有：八於七有，七於八無，餘七非八所仗質故。第七於六，五無一有；餘六於彼，一切皆無；第六於五無，餘五於彼有，五識唯託第八相故。

自類前後，第六容三，餘除所緣，取現境故。許五後見，緣前相者，五七前後亦有三緣。前七於八，所緣容有，能熏成彼相見種故。

同聚異體，展轉相望，唯有增上；諸相應法所仗質同，不相緣故。或依見分，說不相緣；依相分說，有相緣義。謂諸相分，互爲質起，如識中種，爲觸等相質。不爾無色，彼應無境故。設許變色，亦定緣種，勿見分境不同質故。

同體相分，爲見二緣；見分於彼，但有增上；見與自證，相望亦爾。餘二展轉，俱作二緣。此中不依種相分說，但說現起互爲緣故。

淨八識聚，自他展轉皆有所緣，能遍緣故；唯除見分非相所緣，相分理無能緣用故。

**「既現分別緣種現生，種亦理應緣現種起，現種於種能作幾緣？」**種必不由中二緣起，待[36]心心所，立彼二故。現於親種具作二緣，與非親種但爲增上。種望親種亦具二緣，於非親種亦但增上。

依斯內識，互爲緣起，分別因果，理教皆成；所執外緣，設有無用，況違理教，何固執爲？雖分別言，總顯三界心及心所；而隨勝者，諸聖教中多門顯示，或說爲二三四五等，如餘論中具廣分別。

「雖有內識，而無外緣，由何有情生死相續？」

頌曰：

**由諸業習氣，二取習氣俱；**

**前異熟既盡，復生餘異熟。**

論曰：諸業謂福、非福、不動，即有漏善不善思業。業之眷屬亦立業名，同招引滿異熟果故。此雖纔起，無間即滅，無義能招當異熟果；而熏本識，起

[36]《大正藏》改爲「待」，【宋】【元】【明】【宮】：「得」。

**自功能；即此功能，說爲習氣。是業氣分，熏習所成；簡曾現業，故名習氣。如是習氣展轉相續，至成熟時招異熟果，此顯當果勝增上緣。**

相見、名色、心及心所、本末，彼取皆二取攝。彼所熏發，親能生彼本識上功能，名二取習氣。此顯來世異熟果心，及彼相應諸因緣種。俱謂業種，二取種俱，是疏親緣互相助義。業招生顯，故頌先說。

前異熟者，謂前前生業異熟果；餘異熟者，謂後後生業異熟果。雖二取種受果無窮，而業習氣受果有盡；由異熟果性別難招，等流增上性同易感。由感餘生業等種熟，前異熟果受用盡時，復別能生餘異熟果。由斯生死輪轉無窮，何假外緣方得相續。

此頌意說，由業二取生死輪迴，皆不離識，心心所法爲彼性故。

復次，生死相續由諸習氣，然諸習氣總有三種。一、名言習氣，謂有爲法各別親種。名言有二：一、表義名言，即能詮義音聲差別；二、顯境名言，即能了境心心所法。隨二名言所熏成種，作有爲法各別因緣。

二、我執習氣，謂虛妄執我我所種。我執有二：一、俱生我執，即修所斷我我所執。二、分別我執，即見所斷我我所執。隨二我執所熏成種，令有情等自他差別。

三、有支習氣，謂招三界異熟業種。有支有二：一、有漏善，即是能招可愛果業。二、諸不善，即是能招非愛果業。隨二有支所熏成種，令異熟果善惡趣別。

應知我執有支習氣，於差別果是增上緣。此頌所言業習氣者，應知即是有支習氣。二取習氣，應知即是我執、名言二種習氣；取我我所，及取名言而熏成故，皆說名取。俱等餘文，義如前釋。

復次，生死相續，由惑業苦；發業潤生煩惱名惑，能感後有諸業名業，業所引生眾苦名苦，惑業苦種，皆名習氣。前二習氣，與生死苦爲增上緣，助生苦故。第三習氣，望生死苦能作因緣，親生苦故。頌三習氣，如應當知：惑苦名取，能所取故；取是著義，業不得名。俱等餘文，義如前釋。

此惑業苦，應知總攝十二有支；謂從無明乃至老死，如論廣釋。然十二支略攝爲四：一、能引支，謂無明、行，能引識等五果種故。此中無明，唯取能發正感後世善惡業者，即彼所發乃名爲行。由此一切順現受業、別助當業，皆非行支。

二、所引支，謂本識內親生當來異熟果攝識等五種，是前二支所引發故。此中識種，謂本識因；除後三因，餘因皆是名色種攝。後之三因如名次第，即後三種。或名色種總攝五因，於中隨勝，立餘四種；六處與識，總別亦然。《集論》說識，亦是能引識中業種名識支故；異熟識種，名色攝故。經說識支通能所引，業種識種俱名識故；識是名色依，非名色攝故。

識等五種，由業熏發，雖實同時，而依主伴、總別、勝劣、因果相異，故諸聖教假說前後。或依當來現起分位，有次第故說有前後。由斯識等亦說現行，因時定無現行義故。復由此說生引同時，潤未潤時必不俱故。

三、能生支，謂愛取有，近生當來生老死故。謂緣迷內異熟果愚，發正能招後有諸業爲緣，引發親生當來生老死位五果種已，復依迷外增上果愚，緣境界受發起貪愛，緣愛復生欲等四取；愛取合潤，能引業種及所引因，轉名爲有，俱能近有後有果故。有處唯說業種名有，此能正感異熟果故。復有唯說五種名有，親生當來識等種故。

四、所生支，謂生老死，是愛取有近所生故。謂從中有至本有中，未衰變來皆生支攝；諸衰變位總名爲老，身壞命終乃名爲死。老非定有，附死立支。

「病何非支？」不遍定故。老雖不定，遍故立支；諸界趣生，除中夭者，將終皆有衰朽行故。「名色不遍，何故立支？」定故立支；胎卵濕生者，六處未滿，定有名色故。又名色支亦是遍有，有色化生初受生位，雖具五根而未有用，爾時未名六處支故。初生無色，雖定有意根，而不明了，未名意處故；由斯論說十二有支，一切一分上二界有。「愛非遍有，寧別立支？生惡趣者不愛彼故。」定故別立，不求無有，生善趣者，定有愛故；不還潤生，愛雖不起，然如彼取，定有種故。又愛亦遍，生惡趣者，於現我境亦有愛故；依無希求惡趣身愛，經說非有，非彼全無。

「何緣所生立生老死，所引別立識等五支？」因位難知差別相故，依當果位別立五支。謂續生時，因識相顯；次根未滿，名色相增；次根滿時，六處明盛；依斯發觸，因觸起受，爾時乃名受果究竟，依此果位立因爲五。果位易了差別相故，總立二支，以顯三苦。然所生果若在未來，爲生厭故，說生老死。若至現在，爲令了知分位相生，說識等五。

「何緣發業總立無明，潤業位中別立愛取？」雖諸煩惱皆能發潤，而發業位無明力增，以具十一殊勝事故；謂所緣等，廣如經說。於潤業位，愛力偏增，說愛如水，能沃潤故；要數溉灌方生有芽，且依初後分愛取二；無重發義，立一無明。雖取支中攝諸煩惱，而愛潤勝，說是愛增。

「諸緣起支，皆依自地；有所發行，依他無明：如下無明，發上地行。」不爾，初伏下地染者，所起上定應非行支，彼地無明猶未起故。「從上下地生下上者，彼緣何受而起愛支？」彼愛亦緣當生地受，若現若種於理無違。

此十二支，十因二果定不同世。因中前七，與愛取有或異或同。若二三七，各定同世。如是十二一重因果，足顯輪轉及離斷常，施設兩重實為無用，或應過此便致無窮。

此十二支義門別者，九實、三假；已潤六支，合為有故；即識等五，三相位別，名生等故。五是一事，謂無明、識、觸、受、愛五；餘非一事。三唯是染，煩惱性故；七唯不染，異熟果故。七分位中，容起染故，假說通二；餘通二種。無明、愛、取，說名獨相，不與餘支相交雜故；餘是雜相。六唯非色，謂無明、識、觸、受、愛、取；餘通二種。皆是有漏，唯有為攝。無漏無為，非有支故。

無明、愛、取，唯通不善，有覆無記；行唯善惡，有通善惡無覆無記；餘七唯是無覆無記，七分位中，亦起善染。雖皆通三界，而有分有全。上地行支能伏下地，即粗苦等六種行相，有求上生而起彼故。一切皆唯非學無學，聖者所起有漏善業，明為緣故，違有支故，非有支攝。由此應知聖必不造感後有業，於後苦果不迷求故；雜修靜慮資下故業，生淨居等於理無違。

有義：無明唯見所斷，要迷諦理能發行故，聖必不造後有業故；愛取二支唯修所斷，貪求當有而潤生故；九種命終心，俱生愛俱故。餘九皆通見修所斷。

有義：一切皆通二斷，論說預流果已斷一切一分有支，無全斷者故。若無明支唯見所斷，寧說預流無全斷者？若愛取支唯修所斷，寧說彼已斷一切支一分？又說全界一切煩惱，皆能結生；往惡趣行，唯分別起煩惱能發。不言潤生唯修所斷，謂感後有行，皆見所斷發。

由此故知無明、愛、取三支，亦通見修所斷。然無明支正發行者，唯見所斷，助者不定。愛取二支正潤生者，唯修所斷，助者不定。又染污法自性應斷，對治起時彼永斷故；一切有漏不染污法，非性應斷，不違道故。然有二義說之爲斷：一、離縛故，謂斷緣彼雜彼煩惱。二、不生故，謂斷彼依，令永不起。依離縛斷，說有漏善、無覆無記，唯修所斷。依不生斷，說諸惡趣、無想定等，唯見所斷。說十二支通二斷者，於前諸斷，如應當知。

十樂捨俱，受不與受共相應故，老死位中多分無樂，及容捨故。十一苦俱，非受俱故。十一少分，壞苦所攝；老死位中多無樂受，依樂立壞故不說之。十二少分，苦苦所攝，一切支中有苦受故。十二全分，行苦所攝，諸有漏法皆行苦故。依捨受說十一少分，除老死支，如壞苦說。實義如是，諸聖教中隨彼相增，所說不定。皆苦諦攝，取蘊性故；五亦集諦攝，業煩惱性故。

諸支相望，增上定有；餘之三緣，有無不定。契經依定，唯說有一。愛望於取，有望於生，有因緣義。若說識支是業種者，行望於識，亦作因緣。餘支相望無因緣義，而《集論》說無明望行有因緣者，依無明時業習氣說；無明俱故，假說無明，實是行種。《瑜伽論》說諸支相望無因緣者，依現愛取、唯業有說。無明望行，愛望於取，生望老死，有餘二緣。有望於生，受望於愛，無等無間，有所緣緣。餘支相望，二俱非有。此中且依鄰近、順次，不相雜亂、實緣起說；異此相望，為緣不定；諸聰慧者，如理應思。

惑業苦三攝十二者，無明、愛、取，是惑所攝；行、有一分，是業所攝；七有一分，是苦所攝。有處說業全攝有者，應知彼依業有說故。有處說識，業所攝者，彼說業種爲識支故。惑業所招獨名苦者，唯苦諦攝，爲生厭故。由惑業苦即十二支，故此能令生死相續。

復次，生死相續，由內因緣，不待外緣，故唯有識。因謂有漏、無漏二業正感生死，故說爲因。緣謂煩惱、所知二障，助感生死，故說爲緣。所以者何？生死有二：一、分段生死，謂諸有漏善不善業，由煩惱障緣助勢力，所感三界粗異熟果，身命短長，隨因緣力有定齊限，故名分段。二、不思議變易生死，謂諸無漏有分別業，由所知障緣助勢力，所感殊勝細異熟果；由悲願力改轉身命，無定齊限，故名變易。無漏定願正所資感，妙用難測，名不思議。或名意成身，隨意願成故。如契經說「如取爲緣有漏業因，續後有者而生三有」，如是，無明、習地爲緣，無漏業因，有阿羅漢、獨覺、已得自在菩薩，生三種意成身。亦名變化身，無漏定力轉令異本，如變化故；如有論說「聲聞無學永盡後有」，云何能證無上菩提？依變化身證無上覺，非業報身，故不違理。

「若所知障助無漏業能感生死，二乘定性應不永入無餘涅槃。」如諸異生拘煩惱故。「如何道諦實能感苦？」誰言實感？「不爾如何？」無漏定願資有漏業，令所得果相續，長時展轉增勝，假說名感；如是感時，由所知障爲緣助力，非獨能感。然所知障不障解脫，無能發業潤生用故。

「**何用資感生死苦爲？**」自證菩提，利樂他故。謂不定性獨覺、聲聞，及得自在大願菩薩，已永斷伏煩惱障故，無容復受當分段身；恐廢長時修菩薩行，遂以無漏勝定願力，如延壽法資現身因，令彼長時與果不絕，數數如是定願資助，乃至證得無上菩提。「**彼復何須所知障助？**」既未圓證無相大悲，不執菩提有情實有，無由發起猛利悲願。又所知障障大菩提，爲永斷除，留身久住；又所知障爲有漏依，此障若無，彼定非有；故於身住，有大助力。

若所留身，有漏定願所資助者，分段身攝，二乘異生所知境故；無漏定願所資助者，變易身攝，非彼境故。由此應知變易生死，性是有漏異熟果攝，於無漏業，是增上果。有聖教中說爲無漏出三界者，隨助因說。

頌中所言諸業習氣，即前所說二業種子；二取習氣，即前所說二障種子，俱執著故；俱等餘文，義如前釋。變易生死，雖無分段前後異熟別盡別生，而數資助前後改轉，亦有前盡、餘復生義。雖亦由現生死相續，而種定有，頌偏說之。或爲顯示眞異熟因果皆不離本識，故不說現；現異熟因，不即與果；轉識間斷，非異熟故。前中後際生死輪迴，不待外緣；既由內識淨法相續，應知亦然。謂無始來，依附本識有無漏種，由轉識等數數熏發，漸漸增勝；乃至究竟得成佛時，轉捨本來雜染識種，轉得始起清淨種識，任持一切功德種子，由本願力盡未來際，起諸妙用相續無窮。由此應知唯有內識。

〔違教難之辨：〕

「若唯有識，何故世尊處處經中說有三性？」應知三性亦不離識，所以者何？

頌曰：

由彼彼遍計，遍計種種物；
此遍計所執，自性無所有。
依他起自性，分別緣所生；

**圓成實於彼，常遠離前性。**
**故此與依他，非異非不異；**
**如無常等性，非不見此彼。**

論曰：周遍計度，故名遍計；品類衆多，說爲彼彼，謂能遍計虛妄分別。即由彼彼虛妄分別，遍計種種所遍計物；謂所妄執蘊處界等，若法若我自性差別。此所妄執自性差別，總名遍計所執自性。如是自性都無所有，理教推徵不可得故。

或初句顯能遍計識，第二句示所遍計境，後半方申遍計所執若我若法自性非有，已廣顯彼不可得故。

「初能遍計自性云何？」有義：八識及諸心所，有漏攝者皆能遍計；虛妄分別爲自性故，皆似所取能取現故，說阿賴耶以遍計所執自性，妄執種爲所緣故。

有義：第六第七心品執我法者，是能遍計，唯說意識能遍計故，意及意識名意識故，計度分別能遍計故，執我法者必是慧故，二執必與無明俱故，不說無明有善性故，癡無癡等不相應故，不見有執導空智故，執有達無不俱起故，曾無有執非能熏故。有漏心等不證實故，一切皆名虛妄分別。雖似所取能取相現，而非一切能遍計攝，勿無漏心亦有執故，如來後得應有執故。經說佛智現身土等，種種影像如鏡等故，若無緣用，應非智等。雖說藏識緣遍計種，而不說唯，故非誠證。由斯理趣，唯於第六第七心品有能遍計。識品雖二，而有二三四五六七八九十等遍計不同，故言彼彼。

次所遍計，自性云何？《攝大乘》說是依他起，遍計心等所緣緣故。「圓成實性寧非彼境？」眞非妄執所緣境故，依展轉說，亦所遍計。遍計所執雖是彼境，而非所緣緣，故非所遍計。

「遍計所執其相云何？與依他起復有何別？」有義：三界心及心所，由無始來虛妄熏習，雖各體一，而似二生，謂見相分，即能所取。如是二分，情有理無，此相說爲遍計所執。二所依體，實託緣生，此性非無，名依他起，虛妄分別緣所生故。云何知然？諸聖教說，虛妄分別是依他起，二取名爲遍計所執。

有義：一切心及心所，由熏習力所變二分，從緣生故亦依他起。遍計依斯，妄執定實有無、一異、俱不俱等，此二方名遍計所執。諸聖教說，唯量、唯二、種種，皆名依他起故。又相等四法、十一識等，論皆說爲依他起攝故。

不爾，無漏後得智品二分，應名遍計所執。許、應聖智不緣彼生，緣彼智品，應非道諦；不許、應知有漏亦爾。又若二分是遍計所執，應如兔角等，非所緣緣，遍計所執體非有故。又應二分不熏成種，後識等生，應無二分。又諸習氣是相分攝，豈非有法能作因緣？若緣所生內相見分非依他起，二所依體，例亦應然，無異因故。由斯理趣，衆緣所生心心所體及相見分，有漏無漏皆依他起，依他衆緣而得起故。

頌言「**分別緣所生**」者，應知且說染分依他；淨分依他，亦圓成故。或諸染淨心心所法，皆名分別，能緣慮故；是則一切染淨依他，皆是此中依他起攝。

二空所顯圓滿成就諸法實性，名圓成實；顯此遍常，體非虛謬，簡自共相虛空我等。無漏有為，離倒、究竟、勝用周遍，亦得此名。然今頌中說初非後，此即「於彼」依他起上，「常遠離」前遍計所執，二空所顯真如為性。說「於彼」言，顯圓成實與依他起不即不離；「常遠離」言，顯妄所執能所取性，理恒非有；前言義顯不空依他，性顯二空非圓成實，真如離有離無性故。

由前理故，此圓成實與彼依他起，非異非不異。異應真如非彼實性，不異此性應是無常；彼此俱應淨非淨境，則本後智，用應無別。「云何二性非異非一？」如彼無常無我等法，無常等性與行等法，異應彼法非無常等，不異此應非彼共相。由斯喻顯此圓成實與彼依他非一非異，法與法性理必應然，勝義世俗相待有故。

非不證見此圓成實，而能見彼依他起性；未達遍計所執性空，不如實知依他有故；無分別智證真如已，後得智中方能了達依他起性如幻事等。雖無始來心心所法，已能緣自相見分等，而我法執恒俱行故，不如實知眾緣所引自心心所虛妄變現，猶如幻事、陽焰、夢境、鏡像、光影、谷響、水月、變化所成、非有似有。依如是義，故有頌言：「非不見眞如，而能了諸行，皆如幻事等，雖有而非眞。」

此中意說三種自性，皆不遠離心心所法。謂心心所及所變現，眾緣生故，如幻事等非有似有，誑惑愚夫，一切皆名依他起性。愚夫於此，橫執我、法有無、一異、俱不俱等，如空花等，性相都無，一切皆名遍計所執。依他起上，彼所妄執我法俱空，此空所顯識等眞性，名圓成實。是故此三，不離心等。

虛空、擇滅、非擇滅等，何性攝耶？三皆容攝。心等變似虛空等相，隨心生故，依他起攝；愚夫於中妄執實有，此即遍計所執性攝；若於眞如，假施設有虛空等義，圓成實攝。有漏心等，定屬依他；無漏心等，容二性攝。眾緣生故，攝屬依他；無顚倒故，圓成實攝。

如是三性與七眞如，云何相攝？七眞如者：一、流轉眞如，謂有爲法流轉實性。二、實相眞如，謂二無我所顯實性。三、唯識眞如，謂染淨法唯識實性。四、安立眞如，謂苦實性。五、邪行眞如，謂集實性。六、清淨眞如，謂滅實性。七、正行眞如，謂道實性。此七實性，圓成實攝，根本後得二智境故。隨相攝者，流轉、苦、集三，前二性攝，妄執雜染故；餘四皆是，圓成實攝。

三性六法，相攝云何？彼六法中皆具三性，色受想行識及無爲，皆有妄執緣生理故。

「三性五事，相攝云何？」諸聖教說相攝不定，謂或有處說依他起，攝彼相、名、分別、正智；圓成實性，攝彼眞如；遍計所執，不攝五事。彼說有漏心心所法，變似所詮，說名爲相；似能詮現，施設爲名；能變心等，立爲分別；無漏心等離戲論故，但總名正智，不說能所詮；四從緣生，皆依他攝。

或復有處說依他起，攝相、分別；遍計所執，唯攝彼名；正智、眞如，圓成實攝。彼說有漏心及心所相分名相，餘名分別；遍計所執都無體故，爲顯非有假說爲名；二無倒故，圓成實攝。

或有處說，依他起性唯攝分別，遍計所執攝彼相、名；正智、眞如，圓成實攝。彼說有漏心及心所相見分等，總名分別，虛妄分別爲自性故。遍計所執能詮所詮，隨情立爲名、相二事。

復有處說，名屬依他起性，義屬遍計所執。彼說有漏心心所法相見分等，由名勢力成所遍計，故說爲名；遍計所執隨名橫計，體實非有，假立義名。諸聖教中所說五事，文雖有異而義無違；然初所說不相雜亂，如《瑜伽論》廣說應知。

「又聖教中說有五相，與此三性相攝云何？」所詮能詮各具三性，謂妄所計，屬初性攝。相、名、分別，隨其所應所詮能詮，屬依他起。眞如、正智，隨其所應所詮能詮，屬圓成實，後得變似能詮相故。二相屬相，唯初性攝，妄執義名定相屬故；彼執著相唯依他起，虛妄分別爲自性故。不執著相，唯圓成實，無漏智等爲自性故。

「又聖教中說四眞實，與此三性相攝云何？」世間、道理所成眞實，依他起攝，三事攝故。二障淨智所行眞實，圓成實攝，二事攝故。《辯中邊論》說初眞實唯初性攝，共所執故。第二眞實，通屬三性，理通執、無執、雜染、清淨故。後二眞實，唯屬第三。

「三性四諦，相攝云何？」四中一一皆具三性。且苦諦中無常等四，各有三性。無常三者：一、無性無常，性常無故；二、起盡無常，有生滅故；三、垢淨無常，位轉變故。苦有三者：一、所取苦，我法二執所依取故；二、事相苦，三苦相故；三、和合苦，苦相合故。空有三者：一、無性空，性非有故；二、異性空，與妄所執自性異故；三、自性空，二空所顯爲自性故。無我三者：一、無相無我，我相無故；二、異相無我，與妄所執我相異故；三、自相無我，無我所顯爲自相故。集諦三者：一、習氣集，謂遍計所執自性執習氣，執彼習氣假立彼名；二、等起集，謂業、煩惱；三、未離繫集，謂未離障眞如。滅諦三者：一、自性滅，自性不生故；二、二取滅，謂擇滅，二取不生故；三、本性滅，謂眞如故。道諦三者：一、遍知道，能知遍計所執故；二、永斷道，能斷依他起故；三、作證道，能證圓成實故。然遍知道，亦通後二。七三三性，如次配釋。今於此中，所配三性或假或實，如理應知。

**「三解脫門所行境界，與此三性相攝云何？」**理實皆通，隨相各一；空、無願、相，如次應知。緣此復生三無生忍：一、本性無生忍，二、自然無生忍，三、惑苦無生忍。如次此三，是彼境故。

**「此三云何攝彼二諦？」**應知世俗具此三種，勝義唯是圓成實性。世俗有三：一、假世俗，二、行世俗，三、顯了世俗。如次應知，即此三性。勝義有三：一、義勝義，謂眞如，勝之義故；二、得勝義，謂涅槃，勝即義故；三、行勝義，謂聖道，勝爲義故。無變無倒，隨其所應，故皆攝在圓成實性。

**「如是三性，何智所行？」**遍計所執，都非智所行，以無自性[37]，非所緣緣故；愚夫執有，聖者達無，亦得說爲凡聖智境。依他起性，二智所行。圓成實性，唯聖智境。

**「此三性中，幾假幾實？」**遍計所執，妄安立故，可說爲假；無體、相故，非假非實。依他起性，有實有假；聚集、相續、分位性故，說爲假有；心

37《大正藏》：「**以無自體**」。【宋】【元】【明】【宮】：「**以無自性**」。

心所色，從緣生故，說爲實有。若無實法，假法亦無，假依實因而施設故。圓成實性唯是實有，不依他緣而施設故。

「此三爲異？爲不異耶？」應說俱非，無別體故；妄執緣起，眞義別故。如是三性義類無邊，恐厭繁文略示綱要。

《成唯識論》 卷九

「若有三性，如何世尊說一切法皆無自性？」

頌曰：

即依此三性，立彼三無性；
故佛密意說，一切法無性。
初即相無性，次無自然性，
後由遠離前，所執我法性。
此諸法勝義，亦即是真如；
常如其性故，即唯識實性。

**論曰：即依此前所說三性，立彼後說三種無性，謂即相、生、勝義無性；故佛密意說一切法皆無自性，非性全無。說密意言，顯非了義；謂後二性雖體非無，而有愚夫於彼增益，妄執實有我法自性，此即名爲遍計所執；爲除此執，故佛世尊於有及無，總說無性。**

「云何依此而立彼三？」謂依此初遍計所執，立相無性；由此體相，畢竟非有，如空華故。依次依他，立生無性；此如幻事，託眾緣生，無如妄執；自然性故假說無性，非性全無。依後圓成實，立勝義無性；謂即勝義，由遠離前遍計所執我法性故，假說無性，非性全無。如太虛空雖遍眾色，而是眾色無性所顯；雖依他起非勝義故，亦得說爲勝義無性；而濫第二，故此不說。

此性即是諸法勝義，是一切法勝義諦故。然勝義諦略有四種：一、世間勝義，謂蘊處界等；二、道理勝義，謂苦等四諦；三、證得勝義，謂二空眞如；四、勝義勝義，謂一眞法界。此中勝義，依最後說，是最勝道所行義故。爲簡前三，故作是說。

**「此諸法勝義，亦即是眞如。」**眞謂眞實，顯非虛妄；如謂如常，表無變易。謂此眞實，於一切位常如其性，故曰眞如，即是湛然不虛妄義。亦言顯此復有多名，謂名法界及實際等，如餘論中隨義廣釋。

此性即是唯識實性，謂唯識性略有二種：一者虛妄，謂遍計所執；二者眞實，謂圓成實性，爲簡虛妄，說實性言。復有二性：一者世俗，謂依他起；二者勝義，謂圓成實。爲簡世俗，故說實性。

三頌總顯諸契經中說無性言，非極了義；諸有智者，不應依之總撥諸法都無自性。

**〔入唯識位中：〕**

**「如是所成唯識相性，誰於幾位、如何悟入？」**謂具大乘二種姓者，略於五位漸次悟入。**「何謂大乘二種種姓？」**一、本性住種姓，謂無始來依附本識法爾所得無漏法因。二、習所成種姓，謂聞法界等流法已，聞所成等熏習所成。要具大乘此二種姓，方能漸次悟入唯識。

何謂悟入唯識五位？一、資糧位，謂修大乘順解脫分。二、加行位，謂修大乘順決擇分。三、通達位，謂諸菩薩所住見道。四、修習位，謂諸菩薩所住修道。五、究竟位，謂住無上正等菩提。

云何漸次悟入唯識？謂諸菩薩於識相性，資糧位中能深信解；在加行位，能漸伏除所取能取，引發眞見；在通達位，如實通達；修習位中，如所見理數數修習，伏斷餘障。至究竟位，出障圓明，能盡未來化有情類，復令悟入唯識相性。

〔分釋唯識五位〕：

初資糧位，其相云何？

頌曰：

**乃至未起識，求住唯識性；**
**於二取隨眠，猶未能伏滅。**

**論曰：從發深固大菩提心，乃至未起順決擇識，求住唯識眞勝義性，齊此皆是資糧位攝；爲趣無上正等菩提，修集種種勝資糧故。爲有情故勤求解脫，由此亦名順解脫分。此位菩薩，依因、善友、作意、資糧四勝力故，於唯識義雖深信解，而未能了能所取空，多住外門修菩薩行，故於二取所引隨眠，猶未有能伏滅功力、令彼不起二取現行。**

此二取言，顯二取取，執取能取所取性故。二取習氣名彼隨眠，隨逐有情眠伏藏識；或隨增過，故名隨眠，即是所知、煩惱障種。

煩惱障者，謂執遍計所執實我，薩迦耶見而爲上首，百二十八根本煩惱，及彼等流諸隨煩惱；此皆擾惱有情身心，能障涅槃，名煩惱障。所知障者，謂執遍計所執實法，薩迦耶見而爲上首，見疑無明愛恚慢等；覆所知境無顚倒性，能障菩提，名所知障。

此所知障，決定不與異熟識俱，彼微劣故，不與無明、慧相應故；法空智品，與俱起故；七轉識內，隨其所應，或少或多，如煩惱說。眼等五識無分別故，法見疑等，定不相應；餘由意力，皆容引起。

此障但與不善、無記二心相應，論說無明唯通不善、無記性故，癡、無癡等不相應故。煩惱障中此障必有，彼定用此爲所依故。體雖無異，而用有別，故二隨眠，隨聖道用有勝有劣，斷或前後。此於無覆無記性中，是異熟生，非餘三種；彼威儀等，勢用薄弱，非覆所知、障菩提故。此名無覆，望二乘說；若望菩薩，亦是有覆。

「若所知障有見疑等，如何此種，契經說爲無明住地？」無明增故，總名無明，非無見等。如煩惱種，立見一處、欲、色、有愛四住地名，豈彼更無慢、無明等？

如是二障，分別起者見所斷攝，任運起者修所斷攝。二乘但能斷煩惱障，菩薩俱斷。永斷二種，唯聖道能；伏二現行，通有漏道。菩薩住此資糧位中，二粗現行雖有伏者，而於細者及二隨眠，止觀力微，未能伏滅。

此位未證唯識眞如，後勝解力[38]修諸勝行，應知亦是解行地攝。所修勝行，其相云何？略有二種，謂福及智。諸勝行中，慧爲性者皆名爲智，餘名爲福。且依六種波羅蜜多，通相皆二；別相前五說爲福德，第六智慧。或復前三唯福德攝，後一唯智，餘通二種。復有二種，謂利自他；所修勝行隨意樂力，一切皆通自他利行。依別相說，六到彼岸、菩提分等，自利行攝；四種攝事、四無量等，一切皆是利他行攝。如是等行，差別無邊，皆是此中所修勝行。

此位二障雖未伏除，修勝行時有三退屈；而能三事練磨其心，於所證修勇猛不退：一、聞無上正等菩提廣大深遠，心便退屈；引他已證大菩提者，練磨自心勇猛不退。二、聞施等波羅蜜多甚難可修，心便退屈；省己意樂能修施等，練磨自心勇猛不退。三、聞諸佛圓滿轉依極難可證，心便退屈；引他粗善況己妙因，練磨自心勇猛不退。由斯三事練磨其心，堅固熾然修諸勝行。

**次加行位，其相云何？**

---

[38]《大正藏》：「依勝解力」。【宋】【元】【明】【宮】：「後勝解力」。

頌曰：

**現前立少物，謂是唯識性；**
**以有所得故，非實住唯識。**

論曰：菩薩先於初無數劫，善備福德智慧資糧；順解脫分既圓滿已，爲入見道住唯識性，復修加行伏除二取，謂煖、頂、忍、世第一法。此四總名順決擇分，順趣眞實決擇分故；近見道故立加行名，非前資糧無加行義。煖等四法，依四尋思、四如實智，初後位立。四尋思者，尋思名、義、自性、差別，假有實無。如實遍知此四離識及識非有，名如實智。名義相異，故別尋求；二二相同，故合思察。

依明得定發下尋思，觀無所取，立爲煖位。謂此位中，創觀所取名等四法，皆自心變，假施設有，實不可得；初獲慧日前行相故，立明得名；即此所獲道火前相，故亦名煖。

依明增定，發上尋思，觀無所取，立爲頂位。謂此位中，重觀所取名等四法，皆自心變，假施設有，實不可得。明相轉盛，故名明增；尋思位極，故復名頂。

依印順定發下如實智，於無所取決定印持，無能取中亦順樂忍。既無實境，離能取識，寧有實識離所取境？所取能取，相待立故。印順忍時，總立為忍；印前順後，立印順名；忍境識空，故亦名忍。

依無間定，發上如實智，印二取空，立世第一法。謂前上忍唯印能取空，今世第一法二空雙印；從此無間必入見道，故立無間名。異生法中，此最勝故，名世第一法。

如是煖、頂，依能取識觀所取空，下忍起時印境空相。中忍轉位，於能取識如境是空，順樂忍可。上忍起位，印能取空。世第一法，雙印空相。

皆帶相故，未能證實；故說菩薩此四位中，猶於現前安立少物，謂是唯識眞勝義性。以彼空有二相未除，帶相觀心有所得故，非實安住眞唯識理；彼相滅已，方實安住。依如是義，故有頌言：

菩薩於定位，觀影唯是心；義想既滅除[39]，審觀唯自想。
如是住內心，知所取非有；次能取亦無，後觸無所得。

此加行位未遣相縛，於粗重縛亦未能斷，唯能伏除分別二取，違見道故。於俱生者及二隨眠，有漏觀心，有所得故，有分別故，未全伏除，全未能滅。此位菩薩，於安立諦、非安立諦，俱學觀察；爲引當來二種見故，及伏分別二種障故。非安立諦是正所觀，非如二乘唯觀安立。

菩薩起此煖等善根，雖方便時通諸靜慮，而依第四方得成滿，託最勝依入見道故。唯依欲界善趣身起，餘慧厭心非殊勝故。此位亦是解行地攝，未證唯識眞勝義故。

次（第三）通達位，其相云何？

頌曰：

39《大正藏》：「義相既滅除」。【宋】【元】【明】【宮】【聖】：「義想既滅除」。

**若時於所緣，智都無所得；**

**爾時住唯識，離二取相故。**

論曰：若時菩薩於所緣境，無分別智都無所得，不取種種戲論相故；爾時乃名實住唯識眞勝義性，即證眞如。智與眞如平等平等，俱離能取所取相故；能所取相俱是分別，有所得心戲論現故。

有義：此智二分俱無，說無所取能取相故。

有義：此智相見俱有，帶彼相起，名緣彼故；若無彼相名緣彼者，應色智等，名聲等智。若無見分應不能緣，寧可說爲緣眞如智？勿眞如性亦名能緣，故應許此定有見分。

有義：此智見有相無，說無相取，不取相故。雖有見分而無分別，說非能取，非取全無。雖無相分，而可說此帶如相起，不離如故。如自證分緣見分時不變而緣，此亦應爾；變而緣者便非親證，如後得智應有分別，故應許此有見無相。

加行無間，此智生時體會眞如，名通達位。

初照理故，亦名見道。然此見道略說有二：一、眞見道，謂即所說無分別智；實證二空所顯眞理，實斷二障分別隨眠；雖多刹那事方究竟，而相等故，總說一心。

有義：此中二空二障漸證漸斷，以有淺深粗細異故。

有義：此中二空二障頓證頓斷，由意樂力有堪能故。

二、相見道。此復有二：

一、觀非安立諦，有三品心：一、內遣有情假緣智，能除軟品分別隨眠；二、內遣諸法假緣智，能除中品分別隨眠；三、遍遣一切有情諸法假緣智，能除一切分別隨眠。

前二名法智，各別緣故；第三名類智，總合緣故。法眞見道二空見分，自所斷障、無間解脫；別總建立，名相見道。

有義：此三是眞見道，以相見道緣四諦故。

有義：此三是相見道，以眞見道不別緣故。

二、緣安立諦，有十六心。此復有二：

一者，依觀所取能取，別立法類十六種心。謂於苦諦有四種心：一、苦法智忍，謂觀三界苦諦眞如，正斷三界見苦所斷二十八種分別隨眠。二、苦法智，謂忍無間，觀前眞如，證前所斷煩惱解脫。三、苦類智忍，謂智無間，無漏慧生，於法忍智各別內證。言後聖法，皆是此類。四、苦類智，謂此無間，無漏智生，審定印可苦類智忍。如於苦諦有四種心，集、滅、道諦，應知亦爾。此十六心，八觀眞如、八觀正智。法眞見道，無間解脫；見自證分差別建立，名相見道。

二者，依觀下上諦境，別立法類十六種心，謂觀現前不現前界，苦等四諦各有二心：一、現觀忍，二、現觀智。如其所應法眞見道，無間解脫；見分觀諦，斷見所斷百一十二分別隨眠，名相見道。

若依廣布聖教道理，說相見道有九種心，此即依前緣安立諦二十六種止觀別立；謂法、類品忍智合說，各有四觀即爲八心；八相應止，總說爲一。雖見道中止觀雙運，而於見義觀順非止，故此觀止開合不同，由此九心名相見道。

諸相見道，依眞假說；世第一法無間而生及斷隨眠，非實如是，眞見道後方得生故；非安立後起安立故，分別隨眠眞已斷故；前眞見道證唯識性，後相見道證唯識相，二中初勝，故頌偏說。

前眞見道，根本智攝；後相見道，後得智攝。

〔根本無分別智、後得無分別智：〕

「諸後得智有二分耶？」有義：俱無，離二取故。有義：此智見有相無，說此智品有分別故，聖智皆能親照境故；不執著故，說離二取。

有義：此智二分俱有，說此思惟似眞如相，不見眞實眞如性故。又說此智分別諸法自共相等，觀諸有情根性差別而爲說故。又說此智現身土等，爲諸有情說正法故；若不變現似色聲等，寧有現身說法等事？轉色蘊依，不現色者，轉四蘊依，應無受等。又若此智不變似境，離自體法應非所緣，緣色等時應緣聲等。又緣無法等，應無所緣緣，彼體非實，無緣用故。由斯後智，二分俱有。

**「此二見道，與六現觀相攝云何？」**

六現觀者：一、思現觀，謂最上品喜受相應思所成慧，此能觀察諸法共相引生煖等；加行道中觀察諸法，此用最猛，偏立現觀；煖等不能廣分別法，又未證理，故非現觀。二、信現觀，謂緣三寶世出世間，決定淨信；此助現觀令不退轉，立現觀名。三、戒現觀，謂無漏戒除破戒垢，令觀增明，亦名現觀。四、現觀智諦現觀，謂一切種緣非安立根本、後得無分別智。五、現觀邊智諦現觀，謂現觀智諦現觀後，諸緣安立世出世智。六、究竟現觀，謂盡智等究竟位智。此眞見道攝彼第四現觀少分，此相見道攝彼第四、第五少分。彼第二三，雖此俱起，而非自性，故不相攝。

菩薩得此二見道時，生如來家、住極喜地；善達法界，得諸平等，常生諸佛大集會中；於多百門已得自在，自知不久證大菩提，能盡未來利樂一切。

次（第四）修習位，其相云何？

頌曰：

**無得不思議，是出世間智；**
**捨二粗重故，便證得轉依。**

論曰：菩薩從前見道起已，爲斷餘障證得轉依，復數修習無分別智。此智遠離所取能取，故說無得及不思議。或離戲論說爲無得，妙用難測名不思議。是出世間無分別智，斷世間故，名出世間。二取隨眠是世間本，唯此能斷，獨得出名。或出世名依二義立，謂體無漏及證眞如。此智具斯二種義故，獨名出世，餘智不然，即十地中無分別智。

數修此故，捨二粗重。二障種子立粗重名，性無堪任，違細輕故；令彼永滅，故說爲捨。此能捨彼二粗重故，便能證得廣大轉依。

依謂所依，即依他起，與染淨法爲所依故。染謂虛妄遍計所執，淨謂眞實圓成實性，轉謂二分轉捨轉得。由數修習無分別智，斷本識中二障粗重，故能轉捨依他起上遍計所執，及能轉得依他起中圓成實性。由轉煩惱得大涅槃，轉所知障證無上覺，成立唯識，意爲有情證得如斯二轉依果。

或依即是唯識眞如，生死涅槃之所依故。愚夫顚倒迷此眞如，故無始來受生死苦；聖者離倒悟此眞如，便得涅槃畢究安樂。由數修習無分別智，斷本識中二障粗重，故能轉滅依如生死，及能轉證依如涅槃。此即眞如離雜染性，如雖性淨而相雜染，故離染時假說新淨；即此新淨說爲轉依，修習位中斷障證得，雖於此位亦得菩提，而非此中頌意所顯，頌意但顯轉唯識性，二乘滿位名解脫身，在大牟尼名法身故。

云何證得二種轉依？謂十地中，修十勝行、斷十重障、證十眞如，二種轉依由斯證得。

言十地者：一、極喜地，初獲聖性，具證二空、能益自他，生大喜故。

二、離垢地，具淨尸羅，遠離能起微細毀犯煩惱垢故。三、發光地，成就勝定大法總持，能發無邊妙慧光故。四、焰慧地，安住最勝菩提分法，燒煩惱薪，慧焰增故。五、極難勝地，眞俗兩智行相互違，合令相應，極難勝故。六、現前地，住緣起智，引無分別最勝般若令現前故。七、遠行地，至無相住功用後邊，出過世間二乘道故。八、不動地，無分別智任運相續，相用煩惱不能動故。九、善慧地，成就微妙四無礙解[40]，能遍十方善說法故。十、法雲地，大法智雲含眾德水，蔽如空粗重[41]，充滿法身故。如是十地，總攝有爲無爲功德以爲自性，與所修行爲勝依持，令得生長，故名爲地。

十勝行者，即是十種波羅蜜多：施有三種，謂財施、無畏施、法施。戒有三種，謂律儀戒、攝善法戒、饒益有情戒。忍有三種，謂耐怨害忍、安受苦忍、諦察法忍。精進有三種，謂被甲精進、攝善精進、利樂精進。靜慮有三種，謂安住靜慮[42]、引發靜慮、辦事靜慮。般若有三種，謂生空無分別慧、法

40《大正藏》：「四無閡解」。【宋】【元】【明】【宮】【聖】：「四無礙解」。下同。

41《大正藏》：「蔽一切如空粗重」。【宋】【元】【宮】【聖】：原文無「一切」。

42《大正藏》：「謂安住靜慮」。【宋】【元】【明】【宮】：無「謂」字。

空無分別慧、俱空無分別慧。方便善巧有二種，謂迴向方便善巧、拔濟方便善巧。願有二種，謂求菩提願、利樂他願。力有二種，謂思擇力、修習力。智有二種，謂受用法樂智、成熟有情智。

此十性者，施以無貪及彼所起三業爲性，戒以受學菩薩戒時三業爲性，忍以無瞋、精進、審慧及彼所起三業爲性，精進以勤及彼所起三業爲性，靜慮但以等持爲性；後五皆以擇法爲性，說是根本、後得智故。

有義：第八以欲勝解及信爲性，願以此三爲自性故。此說自性若并眷屬，一一皆以一切俱行功德爲性。

此十相者，要七最勝之所攝受，方可建立波羅蜜多：一、安住最勝，謂要安住菩薩種性。二、依止最勝，謂要依止大菩提心。三、意樂最勝，謂要悲愍一切有情。四、事業最勝，謂要具行一切事業[43]。五、巧便最勝，謂要無相智所攝受。六、迴向最勝，謂要迴向無上菩提。七、清淨最勝，謂要不爲二障間

[43]《大正藏》：「事勝」。【宋】【元】【宮】【聖】：「事業」。

雜。若非此七所攝受者，所行施等非到彼岸。由斯施等十，對波羅蜜多，一一皆應四句分別。

此但有十，不增減者，謂十地中對治十障，證十眞如，無增減故。復次，前六不增減者，爲除六種相違障故，漸次修行諸佛法故，漸次成熟諸有情故，此如餘論廣說應知。

又施等三，增上生道，感大財體及眷屬故；精進等三，決定勝道，能伏煩惱成熟有情及佛法故。諸菩薩道唯有此二。又前三種饒益有情，施彼資財、不損惱彼，堪忍彼惱而饒益故。精進等三對治煩惱，雖未伏滅，而能精勤修對治彼諸善加行，永伏、永滅諸煩惱故。又由施等，不住涅槃；及由後三，不住生死；爲無住處涅槃資糧，由此前六不增不減。

後唯四者，爲助前六，令修滿足，不增減故。方便善巧助施等三，願助精進，力助靜慮，智助般若，令修滿故。如《解深密》廣說應知。

十次第者，謂由前前引發後後，及由後後持淨前前。又前前粗，後後細故，易難修習，次第如是。釋總別名，如餘處說。

此十修者，有五種修：一、依止任持修，二、依止作意修，三、依止意樂修，四、依止方便修，五、依止自在修。依此五修，修習十種波羅蜜多皆得圓滿，如《集論》等廣說其相。

此十攝者，謂十、一一皆攝一切波羅蜜多，互相順故。依修前行而引後者，前攝於後，必待前故；後不攝前，不待後故。依修後行持淨前者，後攝於前，持淨前故；前不攝後，非持淨故。若依純雜而修習者，展轉相望，應作四句。

此實有十，而說六者，應知後四第六所攝；開為十者，第六唯攝無分別智，後四皆是後得智攝，緣世俗故。

此十果者，有漏有四，除離繫果；無漏有四，除異熟果。而有處說具五果者，或互相資，或二合說。

十與三學互相攝者，戒學有三：一、律儀戒，謂正遠離所應離法。二、攝善法戒，謂正修證應修證法。三、饒益有情戒，謂正利樂一切有情。此與二乘有共不共，甚深廣大，如餘處說。

定學有四：一、大乘光明定，謂此能發照了大乘理、教、行、果、智光明故。二、集福王定，謂此自在集無邊福，如王勢力，無等雙故。三、賢守定，謂此能守世出世間賢善法故。四、健行定，謂佛菩薩大健有情之所行故。此四，所緣、對治、堪能、引發、作業，如餘處說。

慧學有三：一、加行無分別慧，二、根本無分別慧，三、後得無分別慧。此三自性、所依、因緣、所緣、行等，如餘處說。如是三慧，初二位中，種具有三，現唯加行；於通達位，現二種三，見道位中無加行故。於修習位，七地已前，若種若現，俱通三種。八地以去，現二種三，無功用道違加行故，所有進趣皆用後得，無漏觀中任運起[44]故。究竟位中，現種俱二，加行現種俱已捨故。

---

[44]《大正藏》：「任運起故」。【宋】【元】【明】【宮】【聖】：「任運趣故」。

若自性攝，戒唯攝戒，定攝靜慮，慧攝後五。若并助伴，皆具相攝。若隨用攝，戒攝前三，資糧、自體、眷屬性故；定攝靜慮，慧攝後五；精進三攝，遍策三故。若隨顯攝，戒攝前四，前三如前及守護故；定攝靜慮，慧攝後五。

此十位者，五位皆具，修習位中其相最顯。然初二位，頓悟菩薩種通二種，現唯有漏；漸悟菩薩若種若現，俱通二種，已得生空無漏觀故。通達位中，種通二種，現唯無漏。於修習位，七地已前種現俱通有漏無漏，八地以去種通二種，現唯無漏。究竟位中若現若種，俱唯無漏。

此十因位有三種名：一名遠波羅蜜多[45]，謂初無數劫；爾時施等勢力尚微，被煩惱伏，未能伏彼，由斯煩惱不覺現行。二名近波羅蜜多，謂第二無數劫；爾時施等勢力漸增，非煩惱伏，而能伏彼，由斯煩惱故意方行。三名大波羅蜜多，謂第三無數劫；爾時施等勢力轉增，能畢竟伏一切煩惱，由斯煩惱永不現行；猶有所知微細現種及煩惱種，故未究竟。

[45]《大正藏》：「遠波羅蜜多」。【宋】【元】【明】【宮】【聖】：無「遠」字。

此十義類差別無邊，恐厭繁文，略示綱要。十於十地雖實皆修，而隨相增，地地修一。雖十地行有無量門，而皆攝在十到彼岸。

十重障者，一、異生性障，謂二障中分別起者，依彼種立異生性故。二乘見道現在前時，唯斷一種，名得聖性；菩薩見道現在前時，具斷二種，名得聖性。二眞見道現在前時，彼二障種必不成就；猶明與闇，定不俱生。如秤兩頭，低昂時等，諸相違法，理必應然，是故二性無俱成失。「無間道時已無惑種，何用復起解脫道爲？」斷惑證滅，期心別故。爲捨彼品粗重性故，無間道時雖無惑種，而未捨彼無堪任性，爲捨此故起解脫道，及證此品擇滅無爲。

雖見道生，亦斷惡趣諸業果等，而今且說能起煩惱，是根本故。由斯初地，說斷二愚及彼粗重：一、執著我法愚，即是此中異生性障；二、惡趣雜染愚，即是惡趣諸業果等。應知愚品，總說爲愚，後准此釋。或彼唯說利鈍障品，俱起二愚。彼粗重言，顯彼二種，或二所起無堪任性。如入二定，說斷苦根；所斷苦根雖非現種，而名粗重，此亦應然。後粗重言，例此應釋。

雖初地所斷，實通二障，而異生性障，意取所知；說十無明，非染污故[46]，無明即是十障品愚。二乘亦能斷煩惱障，彼是共故，非此所說。又十無明不染污者，唯依十地修所斷說；雖此位中亦伏煩惱，斷彼粗重，而非正意；不斷隨眠，故此不說。理實初地修道位中，亦斷俱生所知一分，然今且說最初斷者。後九地斷，准此應知。住滿地中，時既淹久，理應進斷所應斷障；不爾三時，道應無別。故說菩薩得現觀已，復於十地修道位中，唯修永滅所知障道；留煩惱障，助願受生，非如二乘速趣圓寂；故修道位不斷煩惱，將成佛時方頓斷故。

二、邪行障，謂所知障中俱生一分，及彼所起誤犯三業；彼障二地極淨尸羅，入二地時便能永斷。由斯二地說斷二愚及彼粗重：一、微細誤犯愚，即是此中俱生一分。二、種種業趣愚，即彼所起誤犯三業，或唯起「業、不了業」愚。

三、闇鈍障，謂所知障中俱生一分，令所聞思修法忘失。彼障三地勝定總

---

[46]《攝大乘論》卷七。

持，及彼所發殊勝三慧，入三地時便能永斷。由斯三地說斷二愚及彼粗重：一、欲貪愚，即是此中能障勝定及修慧者，彼昔多與欲貪俱故，名欲貪愚；今得勝定及修所成，彼既永斷，欲貪隨伏，此無始來依彼轉故。二、圓滿聞持陀羅尼愚，即是此中能障總持聞思慧者。

四、微細煩惱現行障，謂所知障中俱生一分，第六識俱身見等攝。最下品故，不作意緣故，遠隨現行故，說名微細。彼障四地菩提分法，入四地時便能永斷。彼昔多與第六識中，任運而生，執我見等同體起故，說煩惱名；今四地中既得無漏菩提分法，彼便永滅，此我見等亦永不行。初二三地行施戒修，相同世間；四地修得菩提分法，方名出世，故能永害二身見等。

「寧知此與第六識俱？」第七識俱執我見等，與無漏道性相違故，八地以去方永不行，七地已來猶得現起，與餘煩惱爲依持故。此粗彼細，伏有前後，故此但與第六相應。身見等言，亦攝無始所知障攝定愛法愛，彼定法愛，三地尚增，入四地時方能永斷，菩提分法特違彼故。

由斯四地說斷二愚及彼粗重：一、等至愛愚，即是此中定愛俱者；二、法愛愚，即是此中法愛俱者。所知障攝二愚斷故，煩惱二愛亦永不行。

五、於下乘般涅槃障，謂所知障中俱生一分，令厭生死樂趣涅槃，同下二乘厭苦欣滅。彼障五地無差別道，入五地時便能永斷，由斯五地說斷二愚及彼粗重：一、純作意背生死愚，即是此中厭生死者；二、純作意向涅槃愚，即是此中樂涅槃者。

六、粗相現行障，謂所知障中俱生一分，執有染淨粗相現行。彼障六地無染淨道，入六地時便能永斷，由斯六地說斷二愚及彼粗重：一、現觀察行流轉愚，即是此中執有染者，諸行流轉染分攝故。二、相多現行愚，即是此中執有淨者，取淨相故。相觀多行，未能多時住無相觀。

七、細相現行障，謂所知障中俱生一分，執有生滅細相現行。彼障七地妙無相道，入七地時便能永斷，由斯七地說斷二愚及彼粗重：一、細相現行愚，即是此中執有生者，猶取流轉細生相故。二、純作意求無相愚，即是此中執有滅者，尚取還滅細滅相故。純於無相作意勤求，未能空中起有勝行。

八、無相中作加行障，謂所知障中俱生一分，令無相觀不任運起。前之五地有相觀多、無相觀少，於第六地有相觀少、無相觀多；第七地中純無相觀，雖恒相續而有加行；由無相中有加行故，未能任運現相及土。如是加行障八地中無功用道，故若得入第八地時便能永斷。彼永斷故得二自在，由斯八地，說斷二愚及彼粗重：一、於無相作功用愚，二、於中不自在愚[47]，令於相中不自在故，此亦攝土、相一分故。八地以上純無漏道任運起故，三界煩惱永不現行；第七識中細所知障猶可現起，生空智果不違彼故。

九、利他中不欲行障，謂所知障中俱生一分，令於利樂有情事中，不欲勤行，樂修己利。彼障九地四無礙解，入九地時便能永斷。由斯九地，說斷二愚及彼粗重：一、於無量所說法、無量名句字、後後慧辯陀羅尼自在愚。於無量所說法陀羅尼自在者，謂義無礙解；即於所詮總持自在，於一義中現一切義故。於無量名句字陀羅尼自在者，謂法無礙解，即於能詮總持自在，於一名句

[47]《大正藏》:「於相自在愚」。【宋】【元】【明】【宮】:「於中不自在愚」。

字中現一切名句字故。於後後慧辯陀羅尼自在者，謂詞無礙解，即於言音展轉訓釋總持自在，於一音聲中現一切音聲故。二、辯才自在愚，辯才自在者謂辯無礙解，善達機宜巧爲說故。愚能障此四種自在，皆是此中第九障攝。

十、於諸法中未得自在障，謂所知障中俱生一分，令於諸法不得自在。彼障十地大法智雲，及所含藏所起事業，入十地時便能永斷。由斯十地，說斷二愚及彼粗重：一、大神通愚，即是此中障所起事業者。二、悟入微細祕密愚，即是此中障大法智雲及所含藏者。

此地於法雖得自在，而有餘障，未名最極；謂有俱生微所知障，及有任運煩惱障種。金剛喻定現在前時，彼皆頓斷，入如來地。由斯佛地，說斷二愚及彼粗重：一、於一切所知境極微細著愚，即是此中微所知障。二、極微細礙愚，即是此中一切任運煩惱障種。故《集論》說得菩提時頓斷煩惱及所知障，成阿羅漢及成如來，證大涅槃大菩提故。

此十一障，二障所攝：煩惱障中見所斷種，於極喜地見道初斷；彼障現起，地前已伏。修所斷種，金剛喻定現在前時一切頓斷。彼障現起，地前漸伏；初地以上能頓伏盡，令永不行如阿羅漢；由故意力，前七地中雖暫現起，而不爲失。八地以上，畢竟不行。

所知障中見所斷種，於極喜地見道初斷，彼障現起地前已伏。修所斷種，於十地中漸次斷滅，金剛喻定現在前時方永斷盡。彼障現起，地前漸伏，乃至十地方永斷盡。八地以上，六識俱者不復現行，無漏觀心及果相續能違彼故。第七俱者猶可現行，法空智果起位方伏。前五轉識設未轉依，無漏伏故，障不現起。

雖於修道十地位中，皆不斷滅煩惱障種，而彼粗重亦漸斷滅；由斯故說二障粗重，一一皆有三位斷義。雖諸位中皆斷粗重，而三位顯，是故偏說。

「斷二障種，漸頓云何？」第七識俱煩惱障種，三乘將得無學果時，一剎那中三界頓斷；所知障種，將成佛時一剎那中一切頓斷，任運內起無粗細故。餘六識俱煩惱障種見所斷者，三乘見位眞見道中，一切頓斷；修所斷者，隨其所應，一類二乘，三界九地一一漸次九品別斷；一類二乘，三界九地合爲一聚九品別斷；菩薩要起金剛喻定，一剎那中三界頓斷。所知障種，初地初心頓斷一切見所斷者；修所斷者，後於十地修道位中漸次而斷；乃至正起金剛喻定，一剎那中方皆斷盡；通緣內外粗細境生，品類差別有眾多故。

二乘根鈍，漸斷障時，必各別起無間、解脫，加行、勝進或別或總。菩薩利根漸斷障位，非要別起無間解脫，剎那剎那能斷證故。加行等四，剎那剎那前後相望，皆容具有。

十眞如者：一、遍行眞如，謂此眞如二空所顯，無有一法而不在故。

二、最勝眞如，謂此眞如具無邊德，於一切法最爲勝故。

三、勝流眞如，謂此眞如所流教法，於餘教法極爲勝故。

四、無攝受眞如，謂此眞如無所繫屬，非我執等所依取故。

五、類無別眞如，謂此眞如類無差別，非如眼等類有異故。

六、無染淨眞如，謂此眞如本性無染，亦不可說後方淨故。

七、法無別眞如，謂此眞如雖多教法種種安立，而無異故。

八、不增減眞如，謂此眞如離增減執，不隨淨染有增減故；即此亦名相土自在所依眞如，謂若證得此眞如已，現相現土俱自在故。

九、智自在所依眞如，謂若證得此眞如已，於無礙解得自在故。

十、業自在等所依眞如，謂若證得此眞如已，普於一切神通作業總持定門皆自在故。

雖眞如性實無差別，而隨勝德假立十種。雖初地中已達一切，而能證行猶未圓滿，爲令圓滿，後後建立。

〔述明所證果德：〕

如是，菩薩於十地中，勇猛修行十種勝行，斷十重障、證十眞如，於二轉依便能證得。

轉依位別略有六種：

一、損力益能轉，謂初二位；由習勝解及慚愧故，損本識中染種勢力，益本識內淨種功能；雖未斷障種實證轉依，而漸伏現行，亦名爲轉。

二、通達轉，謂通達位；由見道力通達眞如，斷分別生二障粗重，證得一分眞實轉依。

三、修習轉，謂修習位；由數修習十地行故，漸斷俱生二障粗重，漸次證得眞實轉依。《攝大乘》中說通達轉，在前六地．有無相觀通達眞俗，間雜現前，令眞非眞現不現故；說修習轉在後四地，純無相觀長時現前，勇猛修習斷餘粗重，多令非眞不顯現故。

四、果圓滿轉，謂究竟位；由三大劫阿僧企耶，修習[48]無邊難行勝行，金剛喻定現在前時，永斷本來一切粗重，頓證佛果圓滿轉依，窮未來際利樂無盡。

五、下劣轉，謂二乘位；專求自利、厭苦欣寂，唯能通達生空眞如，斷煩惱種；證眞擇滅，無勝堪能，名下劣轉。

六、廣大轉，謂大乘位；爲利他故趣大菩提，生死涅槃俱無欣厭，具能通達二空眞如，雙斷所知煩惱障種，頓證無上菩提涅槃；有勝堪能，名廣大轉。此中意說廣大轉依，捨二粗重而證得故。

轉依義別，略有四種：一、能轉道。此復有二：一、能伏道，謂伏二障隨眠勢力，令不引起二障現行；此通有漏無漏二道加行、根本、後得三智，隨其

[48]《大正藏》：「修集」。【宋】【元】【明】【宮】：「修習」。

所應漸頓伏彼。二、能斷道，謂能永斷二障隨眠；此道定非有漏加行，有漏曾習，相執所引，未泯相故；加行趣求，所證所引，未成辦故。

有義：根本無分別智，親證二空所顯眞理，無境相故能斷隨眠；後得不然，故非斷道。

有義：後得無分別智，雖不親證二空眞理，無力能斷迷理隨眠，而於安立非安立相，明了現前無倒證故，亦能永斷迷事隨眠。故《瑜伽》說，修道位中有出世斷道、世出世斷道；無純世間道能永害隨眠，是曾習故，相執引故。由斯理趣，諸見所斷及修所斷迷理隨眠，唯有根本無分別智親證理故，能正斷彼；餘修所斷迷事隨眠，根本後得俱能正斷。

二、所轉依。此復有二：一、持種依，謂根本識[49]；由此能持染淨法種，與染淨法俱爲所依，聖道轉令捨染得淨。餘依他起性雖亦是依，而不能持種，故此不說。二、迷悟依，謂眞如；由此能作迷悟根本，諸染淨法依之得生，聖

[49]《大正藏》：「謂本識」。【宋】【元】【明】【宮】：「謂根本識」。

道轉令捨染得淨。餘雖亦作迷悟法依，而非根本，故此不說。

三、所轉捨。此復有二：一、所斷捨，謂二障種，眞無間道現在前時，障治相違，彼便斷滅，永不成就，說之爲捨。彼種斷故，不復現行妄執我法；所執我法不對妄情，亦說爲捨。由此名捨遍計所執。二、所棄捨，謂餘有漏、劣無漏種，金剛喻定現在前時，引極圓明純淨本識，非彼依故，皆永棄捨。彼種捨已，現有漏法及劣無漏畢竟不生；既永不生，亦說爲捨，由此名捨生死劣法。

有義：所餘有漏法種及劣無漏，金剛喻定現在前時皆已棄捨，與二障種俱時捨故。

有義：爾時猶未捨彼，與無間道不相違故，菩薩應無生死法故，此位應無所熏識故，住無間道應名佛故，後解脫道應無用故。由此應知，餘有漏等，解脫道起方棄捨之，第八淨識非彼依故。

四、所轉得。此復有二：一、所顯得，謂大涅槃。此雖本來自性清淨，而由客障覆令不顯，眞聖道生，斷彼障故令其相顯，名得涅槃。此依眞如離障施設，故體即是清淨法界。

涅槃義別，略有四種：一、本來自性清淨涅槃，謂一切法相眞如理；雖有客染而本性淨，具無數量微妙功德，無生無滅湛若虛空，一切有情平等共有，與一切法不一不異，離一切相一切分別，尋思路絕，名言道斷，唯眞聖者自內所證，其性本寂故名涅槃。

二、有餘依涅槃，謂即眞如出煩惱障，雖有微苦所依未滅，而障永寂，故名涅槃。

三、無餘依涅槃，謂即眞如出生死苦，煩惱既盡，餘依亦滅；眾苦永寂，故名涅槃。

四、無住處涅槃，謂即眞如出所知障，大悲般若常所輔翼，由斯不住生死涅槃，利樂有情窮未來際，用而常寂，故名涅槃。

一切有情皆有初一，二乘無學容有前三，唯我世尊可言具四。「如何善逝有有餘依？」雖無實依，而現似有；或苦依盡，說無餘依；非苦依在，說有餘依，是故世尊可言具四。

「若聲聞等有無餘依，如何有處說彼非有，有處說彼都無涅槃，豈有餘依、彼亦非有？」然聲聞等，身智在時有所知障，苦依未盡，圓寂義隱，說無涅槃，非彼實無煩惱障盡所顯眞理有餘涅槃。爾時未證無餘圓寂，故亦說彼無無餘依；非彼後時滅身智已，無苦依盡無餘涅槃。或說二乘無涅槃者，依無住處，不依前三。

又說彼無無餘依者，依不定性二乘而說；彼纔證得有餘涅槃，決定迴心求無上覺，由定願力留身久住，非如一類入無餘依。謂有二乘深樂圓寂，得生空觀親證眞如，永滅感生煩惱障盡，顯依眞理有餘涅槃；彼能感生煩惱盡故，後有異熟無由更生，現苦所依任運滅位，餘有爲法既無所依，與彼苦依同時頓捨，顯依眞理無餘涅槃；爾時雖無二乘身智，而由彼證可說彼有。此位唯有清淨眞如，離相湛然，寂滅安樂，依斯說彼與佛無差；但無菩提利樂他業，故復說彼與佛有異。

「諸所知障既不感生，如何斷彼得無住處？」彼能隱覆法空眞如，令不發生大悲般若、窮未來際利樂有情，故斷彼時顯法空理，此理即是無住涅槃，令於二邊俱不住故。

「若所知障亦障涅槃，如何斷彼不得擇滅？」擇滅離縛，彼非縛故。「既爾，斷彼寧得涅槃？」非諸涅槃皆擇滅攝，不爾性淨應非涅槃。能縛有情住生死者，斷此說得擇滅無爲；諸所知障不感生死，非如煩惱能縛有情，故斷彼時不得擇滅。然斷彼故，法空理顯；此理相寂，說爲涅槃，非此涅槃擇滅爲性。故四圓寂諸無爲中，初後即眞如，中二擇滅攝。

「若唯斷縛，得擇滅者，不動等二，四中誰攝？」非擇滅攝，說暫離故；擇滅無爲唯究竟滅，有非擇滅非永滅故。或無住處亦擇滅攝，由眞擇力滅障得故。

擇滅有二：一、滅縛得，謂斷感生煩惱得者。二、滅障得，謂斷除障而證得者。故四圓寂諸無爲中，初一即眞如，後三皆擇滅。不動等二暫伏滅者，非擇滅攝；究竟滅者，擇滅所攝。

「既所知障亦障涅槃，如何但說是菩提障？說煩惱障但障涅槃，豈彼不能為菩提障？」應知聖教依勝用說，理實俱能通障二果。如是所說四涅槃中，唯後三種，名所顯得。

二、所生得，謂大菩提[50]。此雖本來有能生種，而所知障礙故不生；由聖道力斷彼障故，令從種起，名得菩提。起已相續，窮未來際，此即四智相應心品。

云何四智相應心品？一、大圓鏡智相應心品，謂此心品離諸分別，所緣行相微細難知，不忘不愚一切境相，性相清淨離諸雜染，純淨圓德現種依持，能現能生身土智影，無間無斷窮未來際，如大圓鏡現眾色像。

二、平等性智相應心品，謂此心品，觀一切法自他有情悉皆平等，大慈悲

[50]「轉依義別，略有四種：一、能轉道，二、所轉依，三、所轉捨，四、所轉得。所轉得復有二種：一、所顯得，謂大涅槃；二、所生得，謂大菩提。」

等恒共相應，隨諸有情所樂，示現受用身土影像差別；妙觀察智不共所依，無住涅槃之所建立，一味相續，窮未來際。

三、妙觀察智相應心品，謂此心品，善觀諸法自相共相，無礙而轉；攝觀無量總持定門，及所發生功德珍寶，於大眾會能現無邊作用差別，皆得自在；雨大法雨，斷一切疑，令諸有情皆獲利樂。

四、成所作智相應心品，謂此心品爲欲利樂諸有情故，普於十方示現種種變化三業，成本願力所應作事。

如是四智相應心品，雖各定有二十二法，能變所變種現俱生，而智用增，以智名顯，故此四品，總攝佛地一切有爲功德皆盡。

此轉有漏八七六五識相應品，如次而得。智雖非識，而依識轉；識爲主故，說轉識得。又有漏位智劣識強，無漏位中智強識劣，爲勸有情依智捨識，故說轉八識而得此四智。

大圓鏡智相應心品，有義：菩薩金剛喻定現在前時，即初現起，異熟識種與極微細所知障種俱時捨故；若圓鏡智爾時未起，便無能持淨種識故。

有義：此品解脫道時，初成佛故乃得初起；異熟識種，金剛喻定現在前時猶未頓捨，與無間道不相違故。非障有漏劣無漏法，但與佛果定相違故；金剛喻定無所熏識，無漏不增，應成佛故；由斯此品從初成佛，盡未來際相續不斷，持無漏種令不失故。

平等性智相應心品，菩薩見道初現前位，違二執故，方得初起；後十地中，執未斷故，有漏等位或有間斷。法雲地後，與淨第八相依相續，盡未來際。

妙觀察智相應心品，生空觀品，二乘見位亦得初起，此後展轉至無學位；或至菩薩解行地終，或至上位，若非有漏或無心時，皆容現起。法空觀品，菩薩見位方得初起；此後展轉乃至上位，若非有漏生空智果或無心時，皆容現起。

成所作智相應心品，有義：菩薩修道位中，後得引故亦得初起。有義：成佛方得初起，以十地中依異熟識所變眼等非無漏故，有漏不共；必俱同境根發無漏識，理不相應故；此二於境，明昧異故；由斯此品要得成佛，依無漏根方容現起；而數間斷，作意起故。

此四種性[51]雖皆本有，而要熏發方得現行；因位漸增，佛果圓滿；不增不減，盡未來際。但從種生，不熏成種；勿前佛德，勝後佛故。

大圓鏡智相應心品，有義：但緣眞如為境，是無分別，非後得智，行相所緣不可知故。有義：此品緣一切法，《莊嚴論》說，大圓鏡智於一切境不愚迷故；《佛地經》說，如來鏡智[52]，諸處境識眾像現故。又此決定緣無漏種，及身土等諸影像故，行緣微細，說不可知。如阿賴耶亦緣俗故，緣眞如故是無分別；緣餘境故，後得智攝；其體是一，隨用分二。了俗由證眞，故說為後得。餘一分二，准此應知。

平等性智相應心品，有義：但緣第八淨識，如染第七緣藏識故。有義：但

51《大正藏》：「此四種性」。【宋】【元】【宮】【聖】：「此四種姓」。

52《大正藏》：「如來智鏡」。【宋】【元】【明】：「如來鏡智」。

緣眞如爲境，緣一切法平等性故。有義：遍緣眞俗爲境，《佛地經》說，平等性智證得十種平等性故；《莊嚴論》說，緣諸有情自他平等，隨他勝解，示現無邊佛影像故。由斯此品通緣眞俗，二智所攝，於理無違。

妙觀察智相應心品，緣一切法自相共相，皆無障礙，二智所攝。

成所作智相應心品，有義：但緣五種現境，《莊嚴論》說，如來五根，一一皆於五境轉故。有義：此品亦能遍緣三世諸法，不違正理；《佛地經》說，成所作智起作三業諸變化事，決擇有情心行差別，領受去來現在等義。若不遍緣，無此能故。然此心品，隨意樂力，或緣一法或二或多；且說五根於五境轉，不言唯爾，故不相違。隨作意生，緣事相境起化業故，後得智攝。

此四心品，雖皆遍能緣一切法，而用有異。謂鏡智品，現自受用身淨土相，持無漏種；平等智品，現他受用身淨土相；成事智品，能現變化身及土相；觀察智品，觀察自他功能過失，雨大法雨破諸疑網，利樂有情。如是等門，差別多種。

此四心品，名所生得，此所生得總名菩提，及前涅槃名所轉得。雖轉依義總有四種，而今但取二所轉得，頌說證得轉依言故。此修習位說能證得，非已證得，因位攝故。

後（五）究竟位，其相云何？

頌曰：

**此即無漏界，不思議善常，**
**安樂解脫身，大牟尼名法。**

論曰：前修習位所得轉依，應知即是究竟位相。此謂此前二轉依果，即是究竟無漏界攝；諸漏永盡，非漏隨增，性淨圓明故名無漏。界是藏義，此中含容無邊希有大功德故；或是因義，能生五乘世出世間利樂事故。

「清淨法界可唯無漏攝，四智心品如何唯無漏？」道諦攝故，唯無漏攝；

謂佛功德及身土等，皆是無漏種性[53]所生，有漏法種已永捨故。雖有示現作生死身，業煩惱等似苦集諦，而實無漏，道諦所攝。

**「《集論》等說，十五界等唯是有漏，如來豈無五根、五識、五外界等？」**有義：如來功德身土，甚深微妙，非有非無；離諸分別，絕諸戲論；非界處等法門所攝，故與彼說理不相違。

有義：如來五根、五境，妙定生故，法界色攝；非佛五識，雖依此變，然粗細異，非五境攝。如來五識非五識界，經說佛心恒在定故，論說五識性散亂故。

**「成所作智何識相應？」**第六相應，起化用故。**「與觀察智性有何別？」**彼觀諸法自共相等，此唯起化，故有差別。

**「此二智品應不並生，一類二識不俱起故。」**許不並起，於理無違；同體用分，俱亦非失。或與第七淨識相應，依眼等根緣色等境，是平等智作用差

53《大正藏》：「無漏種性」。【宋】【元】【宮】【聖】：「無漏種姓」。

別；謂淨第七起他受用身土相者，平等品攝；起變化者，成事品攝。

「豈不此品轉五識得[54]？」非轉彼得，體即是彼；如轉生死言得涅槃，不可涅槃同生死攝；是故於此，不應爲難。

有義：如來功德身土，如應攝在蘊處界中，彼三皆通有漏無漏。《集論》等說十五界等唯有漏者，彼依二乘粗淺境說，非說一切。謂餘成就十八界中，唯有後三通無漏攝；佛成就者雖皆無漏，而非二乘所知境攝。然餘處說佛功德等非界等者，不同二乘劣智所知界等相故，理必應爾。

所以者何？說有爲法皆蘊攝故，說一切法界處攝故，十九界等聖所遮故；若絕戲論便非界等，亦不應說即無漏界善常安樂解脫身等。又處處說，轉無常蘊獲得常蘊，界處亦然，寧說如來非蘊處界？故言非者是密意說。又說五識性散亂者，說餘成者，非佛所成；故佛身中，十八界等皆悉具足，而純無漏。

此轉依果又不思議，超過尋思言議道故，微妙甚深自內證故，非諸世間喻

[54]《大正藏》：「攝五識得」。【宋】【元】【宮】【聖】：「轉五識得」。

所喻故。

此又是善，白法性故；清淨法界遠離生滅，極安隱故；四智心品妙用無方，極巧便故；二種皆有順益相故，違不善故，俱說爲善。「論說處等八唯無記，如來豈無五根三境？」此中三釋，廣說如前。一切如來身土等法，皆滅道攝，故唯是善，聖說滅道唯善性故，說佛土等非苦集故。佛識所變有漏不善無記相等，皆從無漏善種所生，無漏善攝。

此又是常，無盡期故；清淨法界無生無滅，性無變易，故說爲常。四智心品所依常故，無斷盡故，亦說爲常；非自性常，從因生故。生者歸滅，一向說故[55]，不見色心非無常故；然四智品由本願力，所化有情無盡期故，窮未來際無斷無盡。

此又安樂，無逼惱故；清淨法界眾相寂靜，故名安樂。四智心品永離惱害，故名安樂。此二自性皆無逼惱，及能安樂一切有情，故二轉依俱名安樂。

[55]《大正藏》：「一向記故」。【宋】【元】【明】：「一向說故」。

二乘所得二轉依果，唯永遠離煩惱障縛，無殊勝法故，但名解脫身。大覺世尊成就無上寂默法故，名大牟尼；此牟尼尊所得二果，永離二障，亦名法身，無量無邊力無畏等，大功德法所莊嚴故。體依聚義，總說名身；故此法身五法爲性，非淨法界獨名法身，二轉依果皆此攝故。

如是法身有三相別：一、自性身，謂諸如來眞淨法界，受用、變化平等所依，離相寂然，絕諸戲論，具無邊際眞常功德，是一切法平等實性；即此自性，亦名法身，大功德法所依止故。

二、受用身，此有二種：一、自受用，謂諸如來三無數劫，修集無量福慧資糧，所起無邊眞實功德，及極圓淨常遍色身，相續湛然，盡未來際，恒自受用廣大法樂。二、他受用，謂諸如來由平等智，示現微妙淨功德身，居純淨土，爲住十地諸菩薩眾，現大神通轉正法輪，決眾疑網，令彼受用大乘法樂。合此二種，名受用身。

三、變化身，謂諸如來由成事智，變現無量隨類化身，居淨穢土，爲未登地諸菩薩眾、二乘、異生，稱彼機宜，現通說法，令各獲得諸利樂事。

以五法性攝三身者，有義：初二攝自性身，經說眞如是法身故；論說轉去阿賴耶識得自性身，圓鏡智品轉去藏識而證得故；中二智品攝受用身，說平等智於純淨土，爲諸菩薩現佛身故；說觀察智，大集會中說法斷疑，現自在故；說轉諸轉識，得受用身故；後一智品攝變化身，說成事智於十方土，現無量種難思化故。又智殊勝，具攝三身，故知三身皆有實智。

有義：初一攝自性身，說自性身本性常故；說佛法身無生滅故，說證因得，非生因故；又說法身諸佛共有，遍一切法，猶若虛空無相無爲，非色心故。然說轉去藏識得者，謂由轉滅第八識中二障粗重，顯法身故；智殊勝中說法身者，是彼依止，彼實性故。自性法身雖有眞實無邊功德，而無爲故，不可說爲色心等物。

四智品中眞實功德，鏡智所起常遍色身，攝自受用；平等智品所現佛身，攝他受用；成事智品所現，隨類種種身相，攝變化身。說圓鏡智是受用佛，轉諸轉識得受用故。

雖轉藏識亦得受用，然說轉彼顯法身故，於得受用略不說之。又說法身無生無滅，唯證因得，非色心等；圓鏡智品與此相違，若非受用，屬何身攝？又受用身，攝佛不共有爲實德；故四智品實有色心，皆受用攝。

又他受用及變化身，皆爲化他方便示現，故不可說實智爲體。雖說化身智殊勝攝，而似智現；或智所起，假說智名，體實非智。但說平等、成所作智，能現受用三業化身，不說二身即是二智，故此二智自受用攝。

然變化身及他受用，雖無眞實心及心所，而有化現心心所法；無上覺者神力難思，故能化現無形質法。若不爾者，云何如來現貪瞋等？久已斷故；云何聲聞及傍生等知如來心？如來實心，等覺菩薩尚不知故。由此經說化無量類，皆令有心；又說如來成所作智，化作三業；又說變化有依他心、依他實心，相分現故。雖說變化無根心等，而依餘說，不依如來。又化色根心心所法，無根等用，故不說有。

如是三身，雖皆具足無邊功德，而各有異。謂自性身，唯有眞實常樂我淨，離諸雜染，眾善所依；無爲功德，無色心等差別相用。自受用身，具無量種妙色心等眞實功德。若他受用及變化身，唯具無邊似色心等，利樂他用化相功德。

又自性身，正自利攝，寂靜安樂，無動作故；亦兼利他，爲增上緣，令諸有情得利樂故。又與受用及變化身爲所依止，故俱利攝；自受用身唯屬自利，若他受用及變化身唯屬利他，爲他現故。

又自性身，依法性土；雖此身土體無差別，而屬佛、法，相性異故。此佛身土，俱非色攝，雖不可說形量小大，然隨事相，其量無邊，譬如虛空遍一切處。

自受用身，還依自土；謂圓鏡智相應淨識，由昔所修自利無漏純淨佛土因緣成熟，從初成佛盡未來際，相續變爲純淨佛土，周圓無際，眾寶莊嚴，自受用身常依而住。如淨土量，身量亦爾；諸根相好一一無邊，無限善根所引生故。功德智慧既非色法，雖不可說形量大小，而依所證及所依身，亦可說言遍一切處。

他受用身，亦依自土；謂平等智大慈悲力，由昔所修利他無漏純淨佛土因緣成熟，隨住十地菩薩所宜，變爲淨土，或小或大或劣或勝，前後改轉，他受用身依之而住，能依身量亦無定限。

若變化身，依變化土；謂成事智大慈悲力，由昔所修利他無漏淨穢佛土因緣成熟，隨未登地有情所宜，化爲佛土，或淨或穢或小或大，前後改轉，佛變化身依之而住，能依身量亦無定限。

自性身土，一切如來同所證故，體無差別。自受用身及所依土，雖一切佛各變不同，而皆無邊，不相障礙。餘二身土，隨諸如來所化有情，有共不共。所化共者同處同時，諸佛各變爲身爲土，形狀相似，不相障礙；展轉相雜爲增上緣，令所化生，自識變現；謂於一土有一佛身，爲現神通說法饒益；於不共者，唯一佛變。諸有情類無始時來，種姓[56]法爾更相繫屬，或多屬一、或一屬多，故所化生有共不共。不爾多佛久住世間，各事劬勞實爲無益，一佛能益一切生故。

此諸身土，若淨若穢，無漏識上所變現者，同能變識俱善無漏；純善無漏因緣所生，是道諦攝，非苦集故；蘊等識相不必皆同，三法因緣雜引生故。有漏識上所變現者，同能變識皆是有漏，純從有漏因緣所生，是苦集攝，非滅道故。善等識相不必皆同，三性因緣雜引生故。蘊等同異，類此應知，不爾應無五、十二等。然相分等依識變現，非如識性依他中實，不爾唯識理應不成，許識內境俱實有故。或識相見等從緣生，俱依他起，虛實如識；唯言遣外，不遮內境，不爾眞如亦應非實。

「內境與識既並非虛，如何但言唯識非境？」識唯內有，境亦通外；恐濫外故，但言唯識。或諸愚夫迷執於境，起煩惱業，生死沈淪，不解觀心勤求出離；哀愍彼故說唯識言，令自觀心解脫生死，非謂內境如外都無。或相分等皆

---

56《大正藏》：「種性」。【宋】【元】【宮】【聖】：「種姓」。

識爲性，由熏習力，似多分生。眞如亦是識之實性，故除識性，無別有法。此中識言，亦說心所，心與心所定相應故。

〔結願：〕

此論三分成立唯識，是故說爲《成唯識論》。亦說此論名《淨唯識》，顯唯識理極明淨故。此本論名《唯識三十》，由三十頌顯唯識理乃得圓滿，非增減故。

**已依聖教及正理，分別唯識性相義；**
**所獲功德施群生，願共速登無上覺。**

【附錄】

# 八識規矩頌

# 《八識規矩頌》

唐 玄奘大師 頌

## 五識頌

性境現量通三性，眼耳身三二地居；遍行別境善十一，中二大八貪瞋癡。
五識同依淨色根，九緣七八好相鄰；合三離二觀塵世，愚者難分識與根。
變相觀空唯後得，果中猶自不詮眞；圓明初發成無漏，三類分身息苦輪。

## 六識頌

三性三量通三境，三界輪時易可知；相應心所五十一，善惡臨時別配之。
性界受三恒轉易，根隨信等總相連；動身發語獨爲最，引滿能招業力牽。
發起初心歡喜地，俱生猶自現纏眠；遠行地後純無漏，觀察圓明照大千。

## 七識頌

帶質有覆通情本，隨緣執我量爲非；八大遍行別境慧，貪癡我見慢相隨。
恒審思量我相隨，有情日夜鎮昏迷；四惑八大相應起，六轉呼爲染淨依。
極喜初心平等性，無功用行我恒摧；如來現起他受用，十地菩薩所被機。

## 八識頌

性唯無覆五遍行，界地隨他業力生。二乘不了因迷執，由此能興論主諍。
浩浩三藏不可窮，淵深七浪境爲風；受熏持種根身器，去後來先作主公。
不動地前纔捨藏，金剛道後異熟空；大圓無垢同時發，普照十方塵剎中。

國家圖書館出版品預行編目(CIP)資料

成唯識論 / (唐)玄奘菩薩造. -- 初版. -- 臺北市：正智出版社有限公司, 2021.12
面； 公分
ISBN 978-986-06961-7-2(精裝)

1.CST：瑜伽部

222.13 110021761

# 成唯識論

著 者：大唐 玄奘菩薩
校 對：傅素嫻 王美伶
出版者：正智出版社有限公司
電話：〇二 28327495 28316727（白天）
傳眞：〇二 28344822
111台北郵政73-151號信箱
郵政劃撥帳號：一九〇六八二四一
正覺講堂：總機〇二 25957295（夜間）
總經銷：聯合發行股份有限公司
231新北市新店區寶橋路235巷6弄6號4樓
電話：〇二 29178022（代表號）
傳眞：〇二 29156275
初 版：公元二〇二一年十二月 二千冊
初版二刷：公元二〇二二年元月一日 二千冊
定 價：四〇〇元